Christa Sobe
Omas Rezepte

Omas Rezepte

Christa Sobe

Landbuch

200 überlieferte Rezepte dieses Buches sind den fast 1500 Einsendungen von Bäuerinnen aus Niedersachsen entnommen, die dem Rezeptwettbewerb „Wir sammeln alte Rezepte" der Hannoverschen Land- und Forstwirtschaftlichen Zeitung eingesandt wurden.

Redaktion der in der Land- und Forstwirtschaftlichen Zeitung veröffentlichten Rezepte: Maria Zdravković.

Zeichnungen: Claus-Dieter Riemer · Burgwedel

Landbuch-Verlag GmbH, Hannover, 1989
2. Auflage

Alle deutschen Rechte vorbehalten. Reproduktionen, Speicherung in Datenverarbeitungsanlagen, Wiedergabe auf elektronischen, fotomechanischen oder ähnlichen Wegen, Funk und Vortrag – auch auszugsweise – nur mit Genehmigung des Verlages.

Lektorat: Irmgard Schoenfeld, Pattensen

Gesamtherstellung: Landbuch-Verlag GmbH, Hannover

ISBN 3 7842 0375 2

Inhalt

Zu diesem Buch

„Schon wieder die Zahl der Kochbücher vermehrt? – wird mancher sagen, der die Anzeige dieses Buches erblickt", schreibt Henriette Davidis 1844 im Vorwort zur ersten Auflage ihres „Praktischen Kochbuchs". Rund eineinhalb Jahrhunderte später können wir diesen Satz unverändert übernehmen. Köche und Köchinnen, Meisterhausfrauen und begeisterte Sammler beiderlei Geschlechts haben – neben den vielen Neuauflagen des erfolgreichen Davidis-Werkes – dafür gesorgt, daß die Zahl der Kochbücher Jahr für Jahr weiter gestiegen ist.

Was hat der vorliegende Band inmitten der vielfältigen Konkurrenz zu bieten? Schlichtes und Anspruchsvolles zugleich: Rezepte, die ländliche Hausfrauen von Generation zu Generation weitergereicht haben.

„Wir suchen Omas Rezepte", hieß das Motto eines Leserwettbewerbs, den die Zeitschrift „Land und Forst" (Landbuch-Verlag) 1986 ausschrieb. Hinter dem Aufruf stand von Anfang an die Absicht, traditionelle Gerichte durch Veröffentlichung vor der Vergessenheit zu bewahren. Vielen Leuten wird es gehen wie der Herausgeberin: Der Gaumen erinnert sich an schmackhafte Speisen, die von Oma oder Großtante auf den Tisch gebracht wurden, doch die Zubereitung ist nicht bekannt, die Köchinnen sind nicht mehr befragbar.

Dank der vielen Zusendungen, die auf die „Suchanzeige" eingingen, erhielt der Landbuch-Verlag die Möglichkeit, jetzt ein Kochbuch vorzulegen, das dazu gedacht ist, erprobte und beliebte Rezepte an jüngere Generationen weiterzureichen.

Um die Originalität zu bewahren, wurde bewußt darauf verzichtet, die eingesandten Rezepte in die Schablone eines einheitlichen Kochbuch-Vokabulars zu pressen. Auch im Stil dokumentiert sich daher die Überlieferung.

Nachschlagewerk und Lesebuch

Wer nun dieses Kochbuch nicht nur nach Anregungen oder bestimmten Erinnerungen durchforstet, sondern es aufmerksam von Anfang bis Ende durchliest, wird erkennen, daß es – gleichsam nebenbei – ein Stück Kulturgeschichte des Essens und Trinkens spiegelt.

Die Rezepte, in der Mehrzahl um die hundert Jahre alt und älter, wie auch die Anmerkungen der Einsenderinnen lassen erkennen, in welchem Maße der Speisezettel ländlicher Haushalte von Jahreszeiten, Eigenerzeugung und Brauchtum bestimmt wurde. (Die Ernährung des sogenannten Proletariats in den Städten war dagegen eintönig und meistens unzureichend, die des gehobenen Bürgertums von anspruchsvoller Üppigkeit.)

Auffällig ist die häufige Kombinierung der Eintopf- und Fleischgerichte mit Obst. Der Grund hierfür ist nicht schwer zu finden. Im Gegensatz zum Gemüsebeet, das der Pflege bedarf – umgraben, düngen, säen, pflanzen, jäten, hacken, wässern –, erforderte das Kernobst nur die Mühe des Pflückens. Bäume wuchsen reichlich in Gärten und an Feldrainen. Den winterlichen Bedarf deckten die im Backofen getrockneten Früchte – das Backobst.

Gemüsebeilagen lieferten im Winterhalbjahr die großen Steintöpfe mit eingesalzenen Schnippelbohnen, Sauerkraut und Rotkohl. Dazu kam zu Beginn der kalten Jahreszeit der Braun- oder Grünkohl aus dem Garten, der Frost nicht nur verträgt, sondern zum Wohlgeschmack braucht.

Selbstverständlich wurden auch die Heckenfrüchte – heute von jüngeren Leuten in ihrer Verwendbarkeit gerade erst wieder entdeckt – fleißig geerntet: Hagebutten, Schlehen und Fliederbeeren lieferten Konfitüren und Getränke.

Eigenprodukte und Kolonialwaren

Milch stellte im Dorf keinen spürbaren Kostenfaktor dar. Entsprechend häufig – in vielen Familien mindestens einmal täglich – kamen Milchspeisen auf den Tisch, zur Sättigung angereichert mit Klüten (Mehlklößchen) oder Kartoffeln.

Auch an Speck fehlte es selbst in den Familien der Landarbeiter oder kleinen Handwerker nicht, denn Schweine hielt sich nahezu jede dörfliche Hausgemeinschaft.

Ausgebratener Speck ist nicht nur schmackhaft, sondern das Fett „hält auch vor" (sättigt für längere Zeit), und es sorgte außerdem für die Kalorienzufuhr, die besonders zur Erntezeit und in den kalten Wintermonaten benötigt wurde.

Die Zahl der uns zugegangenen Rezepte für Milchspeisen und Speckgerichte war so groß, die Zubereitungsweise so ähnlich, daß nur eine begrenzte Auswahl getroffen werden konnte. Zahlreicher noch gingen Rezepte für Kuchen, Torten und Cremespeisen ein. Sie beweisen, daß neben Suppen und Fleischgerichten auch Süßspeisen zum festen Bestandteil jeder festlicheren Mahlzeit gehörten. Die Zahl der zu verwendenden Eier (12 bis 16 für einen Kuchen oder einen Nachtisch waren keine Seltenheit) erscheint Hausfrauen kaum noch akzeptabel, seit Hühnerhaltung selbst auf Bauernhöfen zur Ausnahme geworden ist. Wir kaufen Eier zu Tagespreisen und so frisch wie möglich ein. Wer dächte heute noch daran, sie – wenn sie im Überfluß vorhanden und daher billig sind – „einzulegen". Unsere Vorfahrinnen bewahrten sie in dünnem Kalkwasser auf; darin blieben sie frisch genug, um im Winter zum Kochen und Backen verwendet werden zu können.

Selbstverständlich dagegen erscheint uns heute, was unseren Groß- oder Urgroßmüttern noch Luxus bedeutete: Die Verwendung von Kakao, Kaffee, Vanille, Zitronen, Apfelsinen –, der importierten Produkte also, die sich früher „Kolonialwaren" nannten. Diese Genußstoffe blieben den kulinarischen Höhepunkten des Jahres, der Gäste- oder Feiertagstafel vorbehalten. Sie dokumentierten sowohl Großzügigkeit als auch die Kunst der feineren Küche.

Resteverwertung statt Abfall

Doch nicht nur die Schmackhaftigkeit der Mahlzeiten sprach für die Gastgeber, sondern auch der Überfluß, unter dem „sich die Tische bogen". Dem verschwenderischen Festtagsangebot stand allerdings die eiserne Sparsamkeit des Alltags im Rücken. Käse- und Brotschnitten, die sich vor Trockenheit krümmen, werden heute von den meisten jüngeren Hausfrauen ohne Wimpernzucken in den Abfall befördert. Alte Wurstzipfel und teurer Aufschnitt, der nicht schnell genug verzehrt werden konnte, gehen denselben Weg. Ältere Hausfrauen werden oft von ihrem Gewissen gezwungen, die Überbleibsel erst einmal aufzubewahren – bis sie verschimmelt genug sind, um ihrem Zustand nach wirklich nur noch für den Mülleimer zu taugen. Die alte Achtung vor dem „Brot" im weitesten Sinne ist abhanden gekommen. In den alten Rezepten finden wir sie noch: Aus Brot- und Kuchenresten können Suppen entstehen, aus alten Weißbrotscheiben „Arme Ritter", aus Wurst- und Fleischresten Aufläufe. Solche Sparsamkeit war früher nicht nur für die Armen Gebot, sondern auch in reichen Haushalten eine Selbstverständlichkeit.

Magen und Liebe

Neben den prosaischen Auskünften liefern uns die alten Rezepte auch Einblicke anderer Art. Im Kochbuch unserer Großmutter fanden beispielsweise neben praktischen Ratschlägen auch scherzhafte „Liebesrezepte" ihren Platz. Sie beweisen, daß dem alten Sprichwort „Liebe geht durch den Magen" damals so wenig wie heute uneingeschränkt vertraut wurde. Wenn verzehrende Blicke, Mondschein, Küsse und Seufzer als Zutaten empfohlen werden, findet eine andere Spruchweisheit Bestätigung: „Der Mensch lebt nicht vom Brot allein!"

Zum Anhang

Im Schlußteil dieses Buches haben wir eine dritte Reihe von Rezepten versammelt. Zubereitungsweise oder Zutaten rücken sie vom allgemein gebräuchlichen Küchenzettel ab.

Doch während einiges kaum noch originalgetreu herzustellen ist, mögen andere Rezepte die Neugier und den Tatendurst so mancher unternehmungslustigen Hausfrau wecken.

Wo frisches Schweineblut für „Schwarzsauer" (zu dem besonders viele Kochvorschläge eingingen) oder Hahnenkämme gefordert sind, ergeben sich heute Beschaffungsschwierigkeiten. „Röckert" oder „Taukiekers" jedoch, offenbar bis heute noch in bestimmten Gegenden als Weihnachts- oder Silvester-Mahlzeit beliebt, sind sicher einen Nachahmungsversuch wert, vielleicht auch das „Hellweger Nationalgericht" oder die „Branneweis-Koschale".

Auf jeden Fall gehören die Anhang-Rezepte zum Gesamtbild der regionalen Küche aus „Omas Zeiten". Grund genug, sie in diesem Buch aufzunehmen, dessen Entstehung durch die große Zahl interessierter und hilfsbereiter Einsenderinnen ermöglicht wurde.

Wir sagen ihnen an dieser Stelle unseren Dank für die wertvolle Mitarbeit.

Christa Sobe

Suppen

Bismarck-Suppe

Hafergrütz-Suppe

Königin-Suppe

Pilz-Suppe

Rumfordsche Suppe

Sommer-Suppe

Süß-saure Suppe

Wurzel-Suppe

Bismarck-Suppe

Zutaten:
1 Sellerieknolle, 50 g
Butter, 125 g Würfel-
schinken, 1½ l
Fleischbrühe, 2 EL süße
Sahne, 2 EL Mehl, 2
Eigelb, Salz, weißer
Pfeffer, Petersilie.

Zubereitung:
Sellerieknolle schälen, waschen und in Scheiben
schneiden. Butter zerlassen, Schinkenwürfel darin
anbraten und Selleriescheiben zufügen. 10 Minuten bei
schwacher Hitze dünsten, mit Fleischbrühe auffüllen
und 45 Minuten leicht kochen. Durchsieben und die
Gemüsebrühe mit in Sahne verquirltem Mehl binden.
Suppe mit Eigelb legieren, abschmecken und mit
Petersilie bestreuen.

Zeitaufwand: 1 Stunde.

Hafergrütz-Suppe

Zutaten:
50 g Fett, 1 Zwiebel,
Suppengemüse, 60 g
Hafergrütze, 1½ l Wasser
(Brühe), Salz, Pfeffer,
Maggi-Würze.

Zubereitung:
In dem Fett röstet man Suppengemüse, Zwiebel und
Hafergrütze an, gibt Wasser und Salz hinzu und läßt die
Suppe 1½ Stunden kochen. Dann streicht man sie
durch ein Sieb und schmeckt sie mit Salz, Pfeffer und
Maggi ab.

Zeitaufwand: ca. 105 Minuten.

Königin-Suppe

Zutaten:
½ Huhn, 1½ l Wasser,
Suppengemüse, 40 g
Mehl, 20 g Fett, ¼ l
Flüssigkeit, 1 EL grob
gewiegte Mandeln, Salz.

Zubereitung:
½ Huhn in 1½ l Wasser mit Suppengemüse kochen
lassen, man stellt eine helle Mehlschwitze her, gibt
Suppengrün hinein und löscht sie mit Brühe ab. Dann
gibt man die bitteren Mandeln und das in Streifen
geschnittene Hühnerfleisch hinein, läßt die Suppe noch
¼ Std. kochen und schmeckt sie mit Salz ab. Nach
Belieben legt man Blumenkohl oder Spargelköpfe
hinein, Fleischklöße oder Kalbfleisch.

Zeitaufwand: 1½ Stunden.

Pilz-Suppe

Zutaten:
375 g Hallimasch oder
noch besser
Stockschwämmchen, 1 kl.
Zwiebel, 40 g Butter, 40 g
Weizenmehl, 1 l Wasser,
etwas Salz, etwas
Fleischextrakt oder
Suppenwürze, 1 gr. EL
Petersilie, ⅛ l süße Sahne,
3 bis 4 Tropfen
Knoblauch.

Zubereitung:
Die gut verlesenen, gewaschenen Pilze und die Zwiebel
feinschneiden. Das Fett auf Stufe 3 zerlassen und Pilze
und Zwiebel kurze Zeit darin erhitzen. Das Mehl
hinzugeben und ebenfalls kurz erhitzen. Das Wasser
unter Rühren dazugeben, zum Kochen bringen und 5
Minuten auf Stufe 1, die letzten 10 Minuten auf Stufe 0
kochen lassen. Die Suppe mit Salz und Fleischextrakt
oder Suppenwürze mit flüssigem Knoblauch
abschmecken und mit Petersilie anrichten.

Zeitaufwand: 35 Minuten.

Rumfordsche Suppe

Zutaten:
*zerhackte Bratenknochen
oder rohe Knochen,
Wurzelwerk, 1 Stück
durchwachsenen Speck
oder Schweinefleisch,
3 EL Graupen (weich
und sämig kochen),
2 Hände voll gelbe
Erbsen (durchstreichen),
einige geschälte
Kartoffeln, Petersilie,
Salz, Semmelwürfel.*

Zubereitung:
Von den Knochen, dem Wurzelwerk und Speck bzw. Schweinefleisch 2 l Brühe bereiten, die man durchs Sieb gießt, entfettet und wieder aufsetzt. Graupen und gelbe Erbsen hineingeben. Kartoffeln in Stücke schneiden und halb garkochen, in die Suppe geben und garkochen. Wurzelwerk in Stücke schneiden, die gehackte Petersilie und Salz hinzufügen. Über das in Stücke geschnittene Fleisch und die gerösteten Semmelwürfel anrichten.

Sommer-Suppe

Zutaten:
*4 gelbe Rüben,
1 Selleriewurzel, Lauch,
Blumenkohl,
1 Wirsingkopf, Kohlrabi,
1 Zwiebel, etwas
Sauerampfer, 1 Handvoll
Brockelerbsen (Schoten),
⅛ Pfd. Butter, Fleischbrühe.*

Zubereitung:
Gemüse feinschneiden, in einer Kasserolle in der Butter dämpfen, Fleischbrühe hinzugeben, nach und nach die Suppe auffüllen. Über Butterschnitten oder Klößchen anrichten.
Zeitaufwand: ca. 1 Stunde

Süß-saure Suppe

Zutaten:
*500–600 g Schinkenreste,
Schinkenknochen,
1 Bund Suppengemüse,
1 Tüte Backobst, 100 g
Rosinen, 4 l Wasser,
1–2 Tassen Sago und
1–2 Tassen Zucker.*

Zubereitung:
Schinkenreste und Knochen 5 Std. wässern, abtropfen lassen, in den Topf geben, Gemüse vorbereiten und kleinschneiden, Backobst waschen und etwas zerkleinern, Rosinen waschen, alles in den Topf geben, mit 4 l Wasser auffüllen, 1½ Std. kochen lassen. 1–2 Tassen Sago zufügen und aufkochen, dann den Zucker hinzufügen, bis die Suppe süß-sauer schmeckt (nach Geschmack). Noch eine weitere ½ Std. kochen lassen. Abermals abschmecken, evtl. noch Zucker zufügen.
Zeitaufwand: 45 Min.

Wurzel-Suppe

Zutaten:
*200 g Wurzeln,
1 Zwiebel, 1 kl. Knolle
Sellerie, 80 g altes
Weißbrot, 1½ l
Knochenbrühe, Salz und
Zucker nach Geschmack,
Petersilie zum Überstreuen.*

Zubereitung:
Die Wurzeln werden geputzt, gewaschen und mit den übrigen Zutaten weichgekocht. Dann streicht man alles durch ein Sieb und schmeckt die Suppe ab.

Süße Suppen

Bambier (Buttermilchsuppe)

Brotsuppe mit Backpflaumen

Gewöhnliche Biersuppe

Holunderbeer-Suppe mit Klümpe

Klunkes (Milchsuppe)

Pflaumen-Suppe

Sauerteig-Suppe

Zwetschen-Suppe

Bambier (Buttermilchsuppe)

Zutaten:
1½ l Buttermilch, 3 bis 4
gehäufte EL Zucker,
2 bis 3 Scheiben
Schwarzbrot,
175 g gewaschene
Rosinen,
175 g Backpflaumen,
1 Ei.

Zubereitung:
Buttermilch, Zucker und Schwarzbrot unter Rühren
zum Kochen bringen. Um die letzten Brotstückchen
fein zu bekommen, streicht man die Brot-Milch durch
ein Sieb. Rosinen und Backpflaumen in die heiße
Buttermilch geben und noch einmal aufkochen lassen.
Den Topf von der Kochplatte nehmen und die Suppe
mit dem Ei vorsichtig binden.
Zeitaufwand: ca. 20 Minuten.

Brot-Suppe mit Backpflaumen

Zutaten:
½ Pfund Schwarzbrot,
½ Pfund Weißbrot, ½ EL
Salz, 1 l Wasser, ¼ Pfund
Backpflaumen, 3–4 EL
Zucker,
2 l Vollmilch.

Zubereitung:
Das Brot wird mit dem Wasser einige Stunden
eingeweicht, dann gibt man Salz hinzu und läßt es
langsam garkochen. Dann die Milch und die
Backpflaumen hinzugeben und mit Zucker
abschmecken. Nach Belieben kann man das Brot durch
ein Sieb rühren.
Zeitaufwand: ca. 2 Stunden

Gewöhnliche Bier-Suppe

Zutaten:
3 Fl Süß- oder Lagerbier,
Zimt, Zitronenschale,
Mehl, Milch, Zucker,
Eiweiß.

Zubereitung:
3 Flaschen Süß- oder Lagerbier und soviel Wasser, wie
man Suppe benötigt. Mit etwas Zimt und
Zitronenschale aufkochen, dann wird Mehl in etwas
Milch aufgelöst und hinzugegeben, so daß die Suppe
gebunden ist. Zucker nach Geschmack. Das Eiweiß zu
Schnee schlagen und unterheben. Mit Zucker und Zimt
bestreuen.

Holunderbeer-Suppe mit Klümpe

Zutaten:
1–1½ l Holunder-
beersaft, 200 g Zucker,
2 EL Gustin, 1 Stück
Zitronenschale, ½ St.
Zimt, 3 Nelken,
2–3 Äpfel, 90 g Zucker,
1 EL Zitronensaft.
Klümpe: 50 g Butter,
100 g Grieß, 2 Eier, Salz.

Zubereitung:
2 kg Holunderbeeren mit 200 g Zucker entsaften (oder
fertig kaufen), mit Zimt, Nelken und Zitronensaft
aufkochen und mit Gustin binden. Äpfel schälen und in
Stücke schneiden, mit Zucker, Zitronensaft und ½ l
Wasser aufkochen, etwas ziehen lassen und kurz vor
dem Servieren in die Suppe geben.

Klümpe: ¼ l Wasser mit Salz und Butter aufkochen,
den Grieß einrühren und aufkochen, bis sich der Teig
vom Topfboden löst; vom Feuer nehmen und
nacheinander die Eier unterrühren. Ist der Teig
abgekühlt, Klümpe abstechen und in Salzwasser
20 Min. ziehen lassen, mit der Schaumkelle
herausnehmen, abtropfen lassen und in die Suppe geben.
Zeitaufwand: ca. 1 Stunde

Klunkes (Milchsuppe)

Zutaten:
1 l Milch, 100 g Zucker,
100 g Mehl.

Zubereitung:
Milch mit dem Zucker kochen. Das Mehl in eine Schale geben und wenig Wasser dazugeben. Nun mit den Fingern kleine Mehlklunker krümeln. Die Klunker in die kochende Milch geben und aufkochen lassen. Fertig!

Zeitaufwand: ca. 5 Minuten

Pflaumen-Suppe

Zutaten:
¼ Pfund Pflaumen,
1 Stange Zimt, Zucker
und Salz nach
Geschmack, ¼ l Wasser,
2 EL Sago.

Zubereitung:
Die Pflaumen werden mit kaltem Wasser aufgesetzt und mit Zimt 1 Std. gekocht. Dann rührt man die Suppe durch ein Sieb und stellt sie wieder aufs Feuer. Wenn sie kocht, gibt man den gewaschenen Sago hinein und läßt ihn darin gar werden. Suppe mit Salz und Zucker abschmecken.

Zeitaufwand: 1½ Std.

Sauerteig-Suppe (für 4 Personen)

Zutaten:
250 g vom Brotbacken
übriggebliebener
Sauerteig, 1 l Wasser,
1 Prise Salz, Milch,
Zucker und Butter nach
Geschmack.

Zubereitung:
Sauerteig, Salz und Wasser verrühren und aufkochen. Mit etwas Milch, Butter und Zucker verfeinern. Sauerteigsuppe wird heiß gegessen.

Zeitaufwand: ca. 15 Minuten.

Zwetschen-Suppe

Zutaten:
1 l Wasser, 100 g Zucker,
100 g Haferflocken,
1-l-Glas eingekochte
Zwetschen.

Zubereitung:
Wasser und Zucker zum Kochen bringen. Haferflocken dazugeben und 5 Minuten kochen lassen. Anschließend werden die Zwetschen dazugegeben. Die Suppe muß eine kurze Zeit „durchziehen". Die Suppe schmeckt am besten, wenn sie warm serviert wird.

Anstelle der eingekochten Zwetschen kann man auch rohe Zwetschen nehmen, mit 1,5 l Wasser und 200 g Zucker und entsprechend langer Kochzeit.

Zeitaufwand: 15−20 Minuten

Eintöpfe

Bohnen-Birnen

Buntes Huhn

Erbsen un Klumpe

Hannöversche Erbsensuppe

Hildesheimer Bohnen

Himmel und Erde

Jägerkohl

Pluckte Finken

Schlesisches Himmelreich

Steckrüben-Eintopf

Weiße-Bohnen-Eintopf

Zwetschen und Klümpe

Bohnen-Birnen

Zutaten:
*500 g Schweinefleisch,
500 g durchwachsener
Speck (geräuchert), ¾ bis
1 l Wasser, Salz, Porree,
1 kg Stangenbohnen, evtl.
auch Palbohnen, Pfeffer
oder Bohnenkraut, 1½
Pfund Kartoffeln, etwas
Mehl, Petersilie, Birnen!*

Zubereitung:
Fleisch und Speck im Wasser kochen. Wenn halbgar, die in Stücke geschnittenen Kartoffeln mit den Palbohnen dazugeben. Die gebrochenen und abgewellten Stangenbohnen, das Bohnenkraut und die ungeschälten, heilen Birnen (nur Blüte und Stiel entfernen) in die siedende Masse geben, langsam garen, nach Geschmack und Belieben die Brühe mit etwas Mehl binden. Mit gehackter Petersilie anrichten. Bohnenkrautstiele vorher sorgfältig entfernen.

Buntes Huhn

Zutaten:
*500 g Schweinefleisch,
1½ l Wasser, 200 g weiße
Bohnen, 375 g Wurzeln,
750 g Kartoffeln, 4 bis 5
Äpfel, 1 bis 2 EL Zucker,
1 bis 2 EL Essig.*

Zubereitung:
Nachdem die über Nacht eingeweichten Bohnen 45 Minuten gekocht haben, gibt man das gewaschene und in Stücke geschnittene Fleisch, die Wurzeln und das Salz hinzu, später die Kartoffeln und Äpfel. Das Gericht muß 2½ bis 3 Stunden kochen und wird abschließend mit Essig und Zucker abgeschmeckt.
(Abwandlung: Speck und Zwiebel braunbraten und dazugeben.)

Erbsen und Klumpe

Zutaten:
*1½ l Wasser, etwa 10
handvoll frische Erbsen,
Salz, 3–4 EL Mehl,
3 mittelgroße Eier,
½ Tasse Milch,
1 EL Butter zum
Bräunen, Petersilie.*

Zubereitung:
Mehl, Eier und Milch verrühren. Erbsen in Salzwasser garen. Den Teig löffelweise dazugeben und mehrmals aufkochen lassen. Mit gebräunter Butter und gehackter Petersilie abschmecken.
Zeitaufwand: 30 Minuten.

Hannöversche Erbsensuppe

Zutaten
für die Suppe:
2 kleine Möhren,
1 Petersilienwurzel,
½ Stange Porree, 600 g
frische, enthülste Erbsen,
Salz, Zucker, 1 EL
Butter, etwas gekörnte
Brühe, 1 Bund gehackte
Petersilie
(für 6 Personen).

Zutaten
für die Grießklößchen:
¼ l Milch, 1 EL Butter,
1 TL Salz, 1 TL Zucker,
100 g Weizengrieß,
2 Eier.

Zubereitung:
Das geputzte Gemüse in kleine Würfel schneiden und in 1½ l Wasser mit etwas Salz, 1 Prise Zucker, Butter und der gekörnten Brühe etwa 10 Minuten halbgar kochen. Dann die Erbsen dazugeben und weitere 10 Minuten mitkochen lassen.

Zubereitung der Grießklößchen: Die Milch mit Butter, Salz und Zucker zum Kochen bringen. Den Grieß hineinstreuen, die Hitze herunterschalten. Den Grieß solange rühren, bis sich die Masse vom Topfboden löst. Dann noch einmal abschmecken. Den Topf vom Herd nehmen, 1 Ei in den heißen Brei rühren. Den Brei abkühlen lassen, dann erst das zweite Ei unterrühren. Mit zwei nassen Teelöffeln aus dem Brei Klößchen abstechen und in die Suppe geben. Diese Suppe ist nur von richtiger hannöverscher Art, wenn die Grießklößchen hineingegeben werden. Sie müssen in der Erbsensuppe dann noch 10 Minuten ziehen, damit sie heiß werden und ein wenig vom Geschmack der Erbsen annehmen. Vor dem Servieren wird die gehackte Petersilie in die Suppe gegeben.

Hildesheimer Bohnen

Zutaten:
2 Pfund Bohnen,
1½ Pfund Kartoffeln,
etwas Räucherspeck,
Zwiebeln, 8 Eier.

Zubereitung:
Die Bohnen schnippeln, in wenig Salzwasser garen, nun die Bohnen mit dem Schaumlöffel herausnehmen, kleingeschnittene Kartoffeln in den Topf füllen, die Bohnen darübergeben. Wenn die Kartoffeln gar sind, mit etwas Essig und Zucker, Pfeffer, evtl. Bohnenkraut abschmecken und Petersilie obenaufgeben. Über den Eintopf Speck- und Zwiebelsoße gießen. Dazu reicht man Spiegeleier.

Zeitaufwand: 30−40 Minuten.

Himmel und Erde

Zutaten:
1 kg Kartoffeln, 2 kg
säuerliche Äpfel,
150 g Bauchspeck leicht
geräuchert, 100 g
Margarine, 100 g Zucker,
1 EL Salz

Zubereitung:
Die geschälten Kartoffeln in kleine Stücke schneiden, mit Wasser bedecken, salzen und kochen. Die Äpfel schälen, das Kerngehäuse entfernen, in Scheiben schneiden. Speck und Margarine leicht anbräunen. Wenn die Kartoffeln gar sind, die Hälfte des Kochwassers abgießen, Äpfel und Zucker zufügen und noch 10 Minuten langsam kochen. Dann das Fett dazugeben und die Masse mit einem Kartoffelstampfer zu einem feinen Brei musen. Dazu reicht man Spiegeleier.

Jägerkohl

Zutaten:
750 g Weißkohl, 500 g
Kartoffeln, 250 g Speck,
1 Zwiebel, 30 g Mehl,
½ l heißes Wasser oder
Brühe, 2 EL Zucker,
1 EL Salz und Essig.

Zubereitung:
Die Kartoffeln in Scheiben, den Kohl in feine Streifen
schneiden. Den Speck würfeln und ausbraten. Dann
die Zwiebel würfeln und kurz mitbräunen.
Warmstellen. In dem Fett wird dann das Mehl
gebräunt. Unter ständigem Rühren das heiße Wasser
hinzufügen. Zuerst Salz und Zucker, dann schichtweise
Kohl und Kartoffeln in die Soße geben und 1½ bis 2
Stunden schmoren. Mit Salz, Zucker und Essig
abschmecken, dann das Speck-Zwiebel-Gemisch
unterrühren.
Zeitaufwand: 3 Stunden.

Pluckte Finken

Zutaten:
500 g geräucherter Speck,
500 g Möhren, 500 g
saure Äpfel, 500 g
Kartoffeln, 250 g weiße
Bohnen, Essig, Salz,
Pfeffer, Zucker,
1 EL gehackte Zwiebeln,
1 EL Butter, 1 EL Mehl,
1 l Wasser.

Zubereitung:
Am Tage vorher die Bohnen in 1 l Wasser ansetzen.
Am nächsten Tag Speck mit den Bohnen und Wasser
kochen. Nach 1 Stunde die Möhren, Kartoffeln und
etwas später die Äpfel und Zwiebeln zufügen. Garen.
Dann schneidet man den Speck in Stücke und mischt
ihn unter den Eintopf. Mit den Gewürzen
abschmecken. Ist die Flüssigkeit zu dünn, aus Butter
und Mehl einen Kloß kneten und damit binden.
Nochmals kurze Zeit kochen.

Schlesisches Himmelreich

Zutaten:
1 l Wasser, 5 g Salz,
250−375 g Schweine-
fleisch, 250 g Backobst,
½ l Wasser zum
Einweichen, 30 g Zucker,
Zimt oder Nelken.
Für die **Klöße:** 200 g alte
Semmeln, 2 Eier,
1 TL Salz, 250 g Mehl,
½ P. Backpulver.

Zubereitung der Klöße:
Die Semmeln werden in kaltem Wasser eingeweicht
und fest ausgedrückt. Man gibt sie in eine Schüssel und
verarbeitet sie mit Eiern und Salz zu einer
geschmeidigen Masse. Dann rührt man das mit
Backpulver gemischte und gesiebte Mehl hinzu, sticht
mit dem Löffel Klöße ab und kocht sie im Salzwasser
gar.
Schlesisches Himmelreich: Das Fleisch wird fast
weichgekocht, ehe das gut aufgequollene Backobst
dazugegeben wird. Wenn das Fleisch gar ist, nimmt
man es heraus. Die Brühe wird abgeschmeckt, wenn
nötig mit etwas Mehl binden und mit Butter abrunden.
Brühe über das in Würfel geschnittene Fleisch und die
gargekochten Klöße geben.
Zeitaufwand: ca. 3−3½ Stunden.

Steckrüben-Eintopf

Zutaten:
*1 mittelgroße Steckrübe,
2 dicke Zwiebeln, 5 dicke
Kartoffeln, Zucker nach
Geschmack, Petersilie,
2 gepökelte
Schweinepfötchen,
1 gepökeltes Eisbein.*

Zubereitung:
Steckrübe in Stifte schneiden. Pökelfleisch garkochen
mit Zwiebeln, soviel Wasser auffüllen, daß das Fleisch
bedeckt ist, in der Brühe die Steckrüben garkochen.
Pökelfleisch auf die Steckrüben legen, damit sie heiß
bleiben.

Weiße-Bohnen-Eintopf

Zutaten:
*750 g Schweinebauch,
300 g Bohnen,
500 g Kartoffeln,
300 g Backobst (Birnen),
etwas Suppengrün, Salz
und Zucker.*

Zubereitung:
Die weißen Bohnen am Abend zuvor einweichen. Am
nächsten Tag zum Kochen bringen, das Fleisch
hinzugeben, dann das Suppengrün und etwas Salz.
Nach 1 Stunde Kochzeit fügt man die eingeweichten,
abgetropften Birnen und die Kartoffeln hinzu. Nach
knapp 30 Minuten Kochzeit schmeckt man den Eintopf
ab, eventuell kann man noch etwas nachsüßen.
Zeitaufwand: ca. 45 Minuten

Zwetschen und Klümpe

Zutaten:
*1 Beutel gemischtes
Backobst, 1½ l Wasser,
1 Prise Salz, 2 EL
Zucker, 2 EL Rübensaft.
Klümpe: 400 g Mehl,
etwas Muskat, 1 Prise
Salz, 1 EL Zucker,
3 Eier, Wasser*

Zubereitung:
Backobst mit Wasser, Salz und Zucker garkochen,
Rübensaft einrühren. Klümpe: Das Mehl mit den
Zutaten anrühren, so daß eine dickflüssige Masse
entsteht. In einer Bratpfanne 2 EL Butter erhitzen.
Den Teig zu einem Kloß abbrennen, mit dem EL
abstechen und zu dem gekochten Backobst geben,
aufkochen.
Zeitaufwand: ca. 45 Minuten

Fisch

Aal in Gelee

Falscher Kaviar

Gespickter Hecht

Karpfen in polnischer Sauce

Omas Heringssalat

Stippers mit Pellkartoffeln und Matjes

Aal in Gelee

Zutaten:
*1 Aal (ca. 1½ Pfund),
¹⁄₁₆ l Essig, 1 EL Salz,
20 Gewürz- und 20
Pfefferkörner,
2 Lorbeerblätter.*

Zubereitung:
Der Aal wird geschlachtet, mit Salz abgerieben, in
Stücke geschnitten und in 1 Liter Wasser gelegt, das mit
¹⁄₁₆ l Essig, 1 EL Salz, 20 Gewürz- und 20
Pfefferkörnern sowie 2 Lorbeerblättern zum Kochen
gebracht wurde. Je nach Umfang des Aales 10 bis 15
Minuten kochen. Dann nimmt man die Aalstücke aus
dem Topf heraus und legt sie in einen irdenen Topf,
läßt die Brühe ½ Stunde stehen, entfettet sie und gießt
sie durch ein Sieb über den Aal. Nach dem Erkalten
wird die Brühe gallertartig fest. (Am besten am Tag vor
dem Verzehr herstellen, damit das Erkalten gesichert
ist.)

Falscher Kaviar

Zutaten:
*1 gut gewässerter Hering,
1 hartgekochtes Ei,
1 TL geriebene Zwiebel,
1 TL Butter, 1 TL Senf.*

Zubereitung:
Die Zutaten werden mit einer Prise Pfeffer eine Weile
verrührt, doch muß alles zuvor feingehackt sein.
Schmeckt sehr gut zu Butterbrot.

Gespickter Hecht

Zutaten:
*Mittlerer Hecht von ca.
2 kg, Speck, Salz, 250 g
Butter, ¼ l saure Sahne,
Semmelbrösel.*

Zubereitung:
Der enthäutete Hecht wird auf beiden Seiten mit
feingeschnittenem Speck dicht gespickt und mit feinem
Salz eingerieben. Dann wird der Fisch in seiner
natürlichen Form (oder den Schwanz ins Maul
geklemmt) gebacken: Reichlich Butter wird in der
Pfanne des Backofens geschmolzen, der Hecht
hineingelegt und mit der Butter bestrichen. Bei leichter
Hitze backen. Nach halbstündiger Garzeit den Fisch
mit den Semmelbröseln bestreuen und mit der sauren
Sahne begießen. Sobald die Soße sämig ist, ist der Fisch
tafelfertig.

Dazu werden eine Kapernsoße mit Sardellen und nicht
zu wenig Zitrone, sowie Salzkartoffeln gereicht.

Karpfen in polnischer Sauce

Zutaten:
3 Pfund Karpfen,
3 Möhren,
2 Petersilienwurzeln,
3 Zwiebeln,
½ Sellerieknolle, einige
Nelken, Pfefferkörner,
2 Lorbeerblätter,
1 Zitrone, Bier, Wein,
Essig.

Zubereitung:
Alle Zutaten kleinschneiden, in einen Topf tun, gießt
halb Bier, halb Wasser, etwas Essig dazu, läßt dies eine
halbe Stunde kochen. Dann legt man den Karpfen
hinein, streut etwas Salz darauf, gibt 100 g Butter, die
in Scheiben geschnittene Zitrone und etwas Essig dazu,
läßt alles zugedeckt ziehen, bis der Karpfen weich ist.
Dann nimmt man den Karpfen aus der Brühe, gibt
Weißbrot oder Pfefferkuchen und 1 Glas Rotwein an
die Brühe. Durch ein Sieb rühren, teils über den
Karpfen, teils dazu reichen.
Zeitaufwand: 45 Minuten.

Omas Heringssalat

Zutaten:
5 Salzheringe,
5 mittelgroße
Gewürzgurken,
2 mittelgroße Zwiebeln,
½-l-Glas rote Bete, 250 g
Kalbfleisch (gekocht)
oder Fleischwurst,
1 gekochte Sellerieknolle,
5 hartgekochte Eier,
5 Äpfel (Boskoop), 2 EL
Kapern, 3 hartgekochte
Eigelb, ⅛ l Öl, 1 Löffel
Senf, Salz und Pfeffer,
gek. Brühe, Essig.

Zubereitung:
Heringe vorbereiten und einen Tag in Milch legen. Alle
Zutaten in ganz kleine, gleichmäßige Quadrate
schneiden.

Aus den restlichen Zutaten eine Sauce herstellen:
Eigelb glattrühren, langsam das Öl hinzugeben. Mit
Salz, Pfeffer, gek. Brühe und Essig pikant
abschmecken. Sauce und die geschnittenen Zutaten
vermischen. Mindestens 12 Stunden ziehen lassen. Der
Salat schmeckt auch mit Quark- oder
Joghurtmayonnaise ausgezeichnet.
Zeitaufwand: 75 Minuten.

Stippers mit Pellkartoffeln und Matjes

Zutaten:
250 g Speck, 4 Zwiebeln,
50 g Mehl, Wasser oder
Milch, Salz, Pfeffer und
Petersilie.

Zubereitung:
Speck und Zwiebeln würfeln, in etwas Margarine leicht
glasig werden lassen. Mehl dazugeben und hell rösten.
Mit Milch und Wasser auffüllen. Mit Salz und Pfeffer
abschmecken. Petersilie darüberstreuen. Dazu
Pellkartoffeln und Matjes oder Bismarckhering.

Fleischgerichte

Gänseweißsauer

Gebackener Schinken

Hackfleischtopf

Hasenpfeffer

Jungschweinschinken

Rigaer Braten mit Walnußsoße

Sauerfleisch mit Backpflaumen

Schweinebraten mit Kräutersenf

Schweinebraten mit Mehlpudding

Schweinerippe mit Backobst

Speck und Klüten (Senfsoße)

Wildschweinbraten

Zungenragout für 18 Personen

Gänseweißsauer (aus dem Jahre 1920)

Zutaten:
1 ganze, nicht zu fette
Gans oder 2 Gänseklein,
2 l Wasser, 1 EL Salz,
2 EL Essig,
Suppengemüse,
1 Zwiebel,
3 Lorbeerblätter,
Gelatine.

Zubereitung:
Das Gänsefleisch wird mit reichlich Wasser, Salz,
Essig, Suppengemüse und Gewürz weichgekocht und in
gleichmäßige Stücke zerlegt. Die Brühe wird
durchgegossen und entfettet, abgeschmeckt und pro l
mit 10 Blatt weißer Gelatine geklärt. Die erkalteten
Fleischstücke werden mit dem Aspik in Glasschalen
gelegt.

Gebackener Schinken

Zutaten:
500 g roher Schinken,
¼ l Magermilch,
40 g Butter, 1 Eiweiß,
10 g Mehl, 40 g
Paniermehl.

Zubereitung:
Den Schinken in ca. 1 cm dicke Scheiben schneiden und
einige Stunden in die Milch einlegen, dann abtrocknen
und panieren. Die Panade wird aus dem Eiweiß, Mehl
und dem Paniermehl hergestellt. Die Butter in eine
Pfanne geben und braun werden lassen. Dann den
Schinken backen, bis er eine schöne Farbe hat, einmal
wenden.

Den Schinken kann man zu Salaten oder
Gemüsebeilagen reichen.

Zeitaufwand: 30 Minuten.

Hackfleischtopf

Zutaten:
2 gr. Zwiebeln, 1 EL Öl,
1 EL Butter,
500 g Rindermett,
1 Stange Lauch,
50 g Tomatenpüree,
⅛ l Bouillon, 1 EL Senf,
1 TL Paprika, ¼ l saure
Sahne, 1 TL Salz.

Zubereitung:
Zwiebeln hacken und in Öl und Butter im Bratentopf
dünsten. Hitze erhöhen, das Hackfleisch in den Topf
geben und rühren, bis das Fleisch leicht braun ist.
Bei schwacher Hitze den geputzten, in Streifen
geschnittenen Lauch, Tomatenpüree, Bouillon, Senf
und Gewürze (nach Geschmack) zugeben. Etwa 15
Minuten bei schwacher Hitze dünsten. Häufig
umrühren. Kurz vor dem Servieren die saure Sahne
darübergießen.

Dazu werden Nudeln oder Reis gegessen.

Hasenpfeffer

Zutaten:
75 g gewürfelten Speck,
Hasenklein (von
1 Hasen), 1 Zwiebel,
½–¾ l Brühe, Salz,
1½ EL Mehl,
1 Messerspitze Pfeffer,
etwas Wein, Essig und
evtl. 1 Gurke.

Zubereitung:
Gewürfelten Speck, Hasenklein und Zwiebel anbraten.
Mit Brühe auffüllen, salzen und alles langsam
garkochen lassen. Mit kalt angerührtem Mehl binden,
mit Pfeffer, Wein und Essig abschmecken. Dazu
Salzkartoffeln und Selleriesalat reichen.

Jungschweinschinken

Zutaten:
*1 Schinken von ca. 5 kg,
½ l Rotwein, ¼ l Essig,
2 geriebene Zwiebeln,
6 Lorbeerblätter, je 1 TL
Pfefferkörner, Nelken
und Nelkenpfeffer,
30 Wacholderbeeren,
½ l gehackte Zitronen-
schale, etwas Ingwer,
Estragon, Salz, Butter,
saure Sahne und Mehl.*

Zubereitung:
Schinken entschwarten, mit der aufgekochten, heißen
Wein-Essig-Gewürzlösung übergießen, einige Tage
darin liegenlassen, täglich wenden und begießen.
Herausnehmen, mit Salz einreiben, in der Butter von
allen Seiten gut anbraten, mit Wasser und Beize
aufgießen. Weiterschmoren lassen, mit saurer Sahne
aufgießen, garen. Soße entfetten und mit Mehl binden.
Mit Klößen und Rotkohl, der mit Rotwein und Äpfeln
zubereitet wurde, sowie Bratäpfeln, Johannisbeergelee
und Preiselbeeren reichen. Rotwein paßt als Getränk
dazu.

Zeitaufwand: ca. 3 Stunden

Rigaer Braten mit Walnußsoße

Zutaten:
*3 Pfund Schweinerücken,
Salz, Pfeffer,
8 Zwetschen (getrocknet),
Wacholderbeerschnaps,
Anis, 1 Tasse geriebene
Mandeln, 1 Tasse saure
Sahne, ¼ l Weißwein,
Majoran, Salbei und
Zwiebeln.*

Zubereitung:
Schweinerücken in 8 Scheiben nicht ganz durchteilen.
Das Fleisch mit dem Wacholderschnaps begießen,
salzen und pfeffern, etwas marinieren lassen.
In jede Scheibe eine Delle drücken und eine entkernte,
vorher eingeweichte Backpflaume hineinlegen. Einige
Aniskerne auf jede Seite streuen. Alles
zusammenbinden, in heißer Butter anbraten, mit ¼ l
Weißwein ablöschen, etwas Salbei und Majoran
dazugeben. 60 Minuten bei ca. 200 °C braten, in den
letzten 20 Minuten ca. 16 kleine Zwiebeln beigeben.
Zum Schluß den Bratensaft mit 1 Tasse Sahne und
Walnußkernen verrühren, mit Salz abschmecken.

Zeitaufwand: ca. 90 Minuten.

Sauerfleisch mit Backpflaumen

Zutaten:
*300 g durchwachsenes
Schweinefleisch, 300 g
mageres Rindfleisch,
1 EL Salz, 100 g Zucker,
3–4 EL Essig,
2 Lorbeerblätter,
250 g Backpflaumen,
125 g Rosinen.*

Zubereitung:
Das Fleisch in kleine Stücke schneiden, mit Wasser
bedecken, Salz und Lorbeerblätter hinzufügen und eine
Stunde kochen lassen. Die Backpflaumen mit dem
Zucker und Essig dazutun, 15 bis 20 Minuten kochen,
dann die Rosinen hinzufügen und nochmals 15 Minuten
weiterkochen lassen. Wenn die Flüssigkeit verkocht ist,
etwas Wasser nachfüllen und dann abschmecken. Man
reicht warmen Kartoffelsalat dazu.

Schweinebraten mit Kräutersenf (für 4 Personen)

Zutaten:
1 kg Schweinefleisch, für
den Kräutersenf: 2 EL
milden Senf, frischen
Rosmarin u. Thymian,
1 TL Kümmel, Salz; für
die Sauce: 1 gr. Zwiebel,
1 Möhre, 1 St. Sellerie,
Pfefferkörner, Lorbeer-
blatt, 1 St. Fleischtomate.

Zubereitung:
Fleisch mit dem im Mixer pürierten Kräutersenf
rundherum bestreichen, in ein feuerfestes Geschirr
legen und mit ca. ¼ l Wasser (reichlich) angießen und
bei 220 °C in den Backofen schieben, den Braten ab
und zu mit Wasser begießen. Evtl. das Fett abschöpfen,
das sich durch Verdunsten des Wassers aus dem
Fleischgewebe löst.

Nach ca. 40 Minuten grobgewürfeltes Gemüse
dazugeben, vielleicht noch etwas Wasser angießen.
20 Minuten später Garprobe machen, Fleisch
herausnehmen, gewünschte Soßenmenge Wasser
dazugeben und aufkochen lassen. Soße nach Wunsch
abbinden und passieren.

Zeitaufwand: ca. 90 Minuten.

Schweinebraten mit Mehlpudding (für 6 Personen)

Zutaten:
1 kg Schweinebraten aus
der Keule, Salz. ½ l koch.
Wasser, 1 Zwiebel,
1 Bund Suppengrün,
1 Lorbeerblatt,
4 Pfefferkörner,
1 TL Kümmel,
1 Knoblauchzehe, 1 EL
Speisestärke, weißer
Pfeffer.

Zubereitung:
Fleisch abspülen, abtrocknen, mit Salz einreiben. Rohe
Schwarte kreuzweise einschneiden. In die Fettpfanne
legen, mit der Hälfte des kochenden Wassers
übergießen, in den auf 220 °C vorgeheizten Ofen
schieben (Gas Stufe 5). Hin und wieder mit dem
Bratensaft übergießen.

Zwiebel schälen und achteln. Suppengrün putzen,
waschen, in Würfel schneiden. Nach 60 Minuten
Bratzeit Zwiebeln, Suppengrün, Lorbeerblatt,
Pfefferkörner, Kümmel und die geschälte, mit Salz
zerdrückte Knoblauchzehe in die Fettpfanne geben.
Das restliche Wasser zugeben. Nach 40 Minuten aus
dem Ofen nehmen, auf einer Platte warmstellen. Fond
durch ein Sieb streichen, mit Wasser auf ½ l auffüllen.
Speisestärke mit wenig Wasser verquirlen, in den Fond
rühren und aufkochen lassen. Soße mit Salz und
weißem Pfeffer abschmecken. Braten aufschneiden,
Soße getrennt dazu reichen.

Mehlpudding

Zutaten:
125 g Butter (oder halb
Butter, halb Schmalz),
3 Eier, 60 g Zucker, etwas
Salz, 375 g Mehl, 1 P.
Backpulver, ¼ l Milch, je
65 g Rosinen und
Korinthen, etwas
Vanillezucker und
Zitronenschale.

Zubereitung:
Das Fett wird mit Eigelb und Zucker schaumiggerührt, dann Vanillezucker, Zitronenschale und Salz zugeben. Mehl mit dem Backpulver sieben und abwechselnd mit der Milch unter die Eimasse rühren. Zuletzt die überbrühten, im Mehl gewälzten Rosinen und Korinthen dazugeben und das steifgeschlagene Eiweiß unterheben. Den Teig in eine gefettete, mit Semmelmehl ausgestreute Wasserbadform füllen, den Deckel gut schließen und den Pudding im Wasserbad ca. 90 Minuten auf kleiner Flamme garen. Form aus dem Wasser nehmen und öffnen, mindestens 10 Min. stehenlassen, dann stürzen, in Scheiben schneiden.

Zu dem Schweinebraten mit Mehlpudding gibt es grüne Brechbohnen.

Zeitaufwand: ca. 2 Stunden.

Schweinerippe mit Backobst

Zutaten:
3 bis 4 Äpfel, 250 g
Backpflaumen (entkernt
und 12 Stunden
eingeweicht),
2 EL Semmelmehl,
1 TL Zucker, etwas Salz,
1 kg dicke Schweinerippe
(mit eingeschnittener
Tasche).

Zubereitung:
Fleisch waschen, gut abtrocknen lassen, innen und außen einsalzen. Füllung herstellen: Äpfel waschen, schälen, vierteln, entkernen, in Scheiben schneiden, mit den Pflaumen und den übrigen Zutaten vermengen. Diese Masse in die Tasche geben und zunähen. Im Brattopf mit Deckel oder Backofen in knapp 2 Stunden schmoren bzw. braten.

Speck und Klüten

Zutaten pro Person ca.:
200 g geräuch. schieres
Rindfleisch, 200 g
geräuch. Rinderbrust,
200 g geräuch.
Schweinebacke od.
durchw. Speck, 200 g
geräuch. Zunge od.
Kasseler od. Eisbein,
100 g geräuch. Mettwurst
od. 1 Kochwurst,
3 Scheiben Steckrübe,
3 Wurzeln.

Die Menge ist reichlich.
Reste werden an den
folgenden Tagen gern mit
kalter Senfsoße auf Brot
gegessen.

Zubereitung:
Die Zutaten werden als Eintopfgericht zubereitet. Sie werden je nach Fleischart (Rindfl. ca. 4 Std., Schweinefl. ca. 3 Std., Kasseler ca. 2 Std., Kochwurst ca. 10 Min.), in einem großen Topf und reichlich Wasser gekocht. Die Steckrübe wird in Scheiben, die Wurzeln ganz dem Gericht zugefügt, eine Std. mitgekocht und als Beilage gereicht. Dazu gibt es Salzkartoffeln und „Hadelner Klüten", das sind Mehlklöße sowie „Jüchen", das ist die Kochbrühe und Senfsoße.

Senfsoße

Zutaten:
300 g Senfkörner,
gemahlen,
1½ Tassen Weinessig,
3½ Tassen Wasser,
1½ Tassen Zucker,
250 g gute Butter.

Zubereitung:
Wasser und Essig mischen und den gem. Senf über Nacht darin quellen lassen. In einem hohen Topf Butter bräunen, Senfmasse und Zucker zufügen. Vorsicht, schäumt leicht über! Unter ständigem Rühren von höchster Stufe allmählich auf Stufe 5 (Autom.-Platte) zurückschalten. Während der ersten halben Stunde gut bewachen, brennt leicht an! Dann auf Stufe 3−2 schalten und 3−3½ Std. schmoren bis eine goldbraune Farbe erreicht ist. Die Soße hat eine breiartige Konsistenz und eignet sich als Beilage zu Kochfisch und Fondue. Sie gehört aber zu dem deftigen Rauchfleischgericht „Speck und Klüten" (Seite 29).

Wildschweinbraten

Zutaten:
Pfeffer, Nelken,
Nelkenpfeffer, Zwiebeln,
einige Lorbeerblätter,
Wacholderbeeren,
¼ l brauner Essig, Salz.

Zubereitung:
Der Braten von einem überjährigen Wildschwein oder Frischling ist der vorzüglichste. Das Stück wird enthäutet und gespickt, mit etwas kochendem Wasser aufs Feuer gesetzt, abgeschäumt und folgende Gewürze hinzugegeben: Pfeffer, Nelken, Nelkenpfeffer, Zwiebeln, einige Lorbeerblätter, Wacholderbeeren, ¼ l braunen Essig und nur wenig Salz, weil die Brühe durch Einkochen sonst zu salzig würde. Ist der Braten gar, so gießt man die eingekochte Brühe durch ein Sieb, läßt den Braten mit Butter, ausgelassenem Speck und Sahne unter fleißigem Begießen braun werden, indem man nach und nach die Kraftbrühe zugießt. Man läßt die Keule 2½ bis 3 Stunden, ein Stück vom Rücken kürzere Zeit braten.

Zungenragout für 18 Personen

Zutaten:
7 große Kalbszungen,
¾ Pfund Kalbsbries,
¾ Pfund Schweine- oder
Rindfleisch zu Klößchen
gedreht, 1 Pfund frische
Trüffel, Champignons,
1 Glas Madeira, etwas
Butter, 2 EL Mehl, Salz
und Pfeffer.

Zubereitung:
Nachdem man die Zungen gargekocht hat, gießt man sie ab und zerschneidet sie nach dem Abziehen in nicht allzu dicke Scheiben, ebenfalls das Bries, das man mit kaltem Wasser aufstellt und kurz aufkochen läßt. Für die Sauce schwitzt man ein gutes Stück Butter mit zwei Löffeln Mehl hellbraun und gibt die Zungenbrühe hinzu. Dann legt man die Zungen, das Bries, die in der Bouillon gargekochten Klößchen hinein sowie die Champignons und Trüffel. Nimmt man getrocknete Champignons oder Trüffel, so weicht man sie einige Stunden vor dem Gebrauch in kalter Milch ein. Die Champignons vorher garkochen. Den Wein gibt man zuletzt hinzu. Mit Salz und Pfeffer abschmecken.

Gemüse

Appelbohnen

Bohnen und Äpfel

Braunkohl mit Brägenwurst

Froschlenden

Kohl und Pinkel

Proforschkohl

Schnittbohnen mit Sahne

Türkische Bohnen

Appelbohnen

Zutaten:
Weiße Bohnen, Äpfel,
Zucker, Salz,
1 EL Butter.

Zubereitung:
Halbreife oder eingeweichte Weiße Bohnen werden in
Salzwasser gegart. Äpfel schälen, mit Zucker und etwas
Wasser garen. Mit den abgegossenen Bohnen mischen.
Einen Stich Butter dazu.
Das schmeckt sehr lecker zu Salzkartoffeln und
gebratenem Schinken.

Bohnen und Äpfel (für 4 Personen)

Zutaten:
1 kg Brechbohnen,
2 l Wasser, 15 g Salz,
¼ l Bouillon, 500 g
Äpfel, ⅛ l Wasser, 30 g
Zucker, 2 EL Essig, 25 g
Butter oder Speck,
Pfeffer.

Zubereitung:
Die Bohnen werden abgezogen, gebrochen und in
Salzwasser weichgekocht, abgegossen und in der
Bouillon völlig gegart. Die Äpfel werden geschält, in
Achtel geschnitten, mit Wasser, Zucker und Essig
aufgekocht, bis sie beinahe zerfallen. Dann werden sie
mit den Bohnen vermengt, mit Butter oder
ausgebratenem Speck durchgeschwenkt und dann das
Ganze mit Salz und Pfeffer abgeschmeckt.

Braunkohl mit Brägenwurst (6 Portionen)

Zutaten:
1 kg Braunkohl geputzt, 3
große Zwiebeln,
100 g Schweineschmalz,
500 g Schweinefleisch
(Bauchstück) gewürfelt,
Salz, Muskat, 6 Birnen,
6 Brägenwürstchen
geräuchert.

Zubereitung:
Den Braunkohl putzen, waschen, gründlich abtropfen
lassen und hacken. Die Zwiebeln schälen und würfeln,
dann im Schweineschmalz glasigdünsten. Das
gewürfelte Schweinefleisch hinzugeben und mit
anbraten. Mit Salz und Muskat würzen und mit knapp
¼ l heißem Wasser auffüllen. Jetzt den vorbereiteten
Braunkohl zugeben und etwa 40 Minuten auf milder
Hitze garen. Die Birnen schälen, vierteln, entkernen
und in den letzten 10 Minuten Garzeit mitkochen
lassen. Ebenso die Brägenwürstchen, die
obenaufgelegt werden. Die Würste mit einer Nadel
etwas einstechen. Den Kohl mit Brägenwurst und
Salzkartoffeln servieren.
Zeitaufwand: 50 Minuten.

Froschlenden

Zutaten:
Salatköpfe, Buttermilch,
Butter, Salz, Pfeffer.

Zubereitung:
Feste Salatköpfe dicht nebeneinander in eine
Kasserolle legen, mit soviel Buttermilch begießen, daß
die Köpfe halb bedeckt sind. Mit Butterflöckchen
belegen, mit Salz und Pfeffer würzen. Bei schwacher
Hitze kochen. (Früher setzte man den Topf hinten auf
den Kohleherd und ließ das Gemüse langsam garen.)

Kohl und Pinkel

Zutaten:
Blanchierter Grünkohl
(Menge nach Bedarf),
3−4 Zwiebeln, etwas
Salz, 1 Stück
Schweinefleisch.

Zubereitung:
2 Pfund Nierentalg in Würfel schneiden, dazu mehrere
kleingeschnittene Zwiebeln geben, ½ Pfund
Hafergrütze, Salz und schwarzen, gemahlenen Pfeffer
hinzugeben. Durchmischen und in kochfeste Därme
füllen und gut räuchern. Etwa 1 Stunde im Kohl
mitkochen. Diese Originale Bremer Art ergibt zwei
Pinkel.

Proforschkohl

Zutaten:
(Menge nach
Personenzahl)
Geräuchertes Bauch-
fleisch, Weißkohl, harte
Birnen, Schmalz,
Bouillon, Salz und
Pfeffer.

Zubereitung:
Das in Streifen geschnittene Fleisch in einen Brattopf
legen. Kohl hobeln, mit Salz glasigkneten. ⅓ des Kohls
auf das Fleisch füllen. Mit Schmalzflocken abdecken
und pfeffern. Anschließend eine zweite und dritte
Schicht Kohl, ebenfalls pfeffern und mit Schmalz
belegen. Bouillon darübergießen. Im Backofen 2½ bis
3 Stunden schmoren (bei mittlerer Hitze). Falls
Flüssigkeit verkocht, Bouillon nachgießen. Eine halbe
Stunde vor Garzeit den Kohl mit harten Birnen
abdecken. Sie werden anschließend heiß dazu
gegessen. (Falls der Kohl zu braun wird, mit Alufolie
abdecken).

Schnittbohnen mit Sahne

Zutaten:
1 kg grüne Bohnen,
¼ l süße Sahne,
½ TL Salz,
1 MS Zucker, 1 MS
Fleischextrakt, etwas
Pfeffer und Muskat,
30 g Butter, 20 g Mehl.

Zubereitung:
Die Bohnen mit dem Salz und Fleischextrakt
garkochen. Inzwischen aus den übrigen Zutaten eine
Schwitze bereiten und mit der Sahne durchkochen,
lieblich abschmecken, und die Soße über die Bohnen
gießen, die man vorher gut abtropfen läßt.

Türkische Bohnen

Zutaten:
einige Speckscheiben,
100 g Butter oder
Margarine, 750−1000 g
Hammelfleisch,
500 g Zwiebeln,
500 g Tomaten, 1000 g
große Bohnen, etwas
Pfeffer, Salz und Mehl.

Zubereitung:
In einen großen Topf legt man einige Scheiben Speck
mit einem großen Stück Butter oder Margarine. In
diesem Fett wird das in Stücke geschnittene
Hammelfleisch schön braun gebraten. Dann gibt man
die in Ringe geschnittenen Zwiebeln und Tomaten
hinzu und soviel kaltes Wasser hinzu, daß die Bohnen
später bedeckt sind. Wenn das Wasser kocht, gibt man
die Bohnen hinzu und läßt alles garkochen. Mit Pfeffer
und Salz abschmecken und mit Mehl binden.
Zeitaufwand: ca. 1 Stunde

Kartoffel-gerichte

Bottermelksamballasse (Buttermilchspeise)

Falsche Mettklöße

Gefüllte Kartoffeln

Lippischer Pickert

Stokepuffer (Pannbrei, Stuß)

Teufelskartoffeln

Warmer Kartoffelsalat

Bottermelksamballasse (Buttermilchspeise)

Zutaten:
1 l Buttermilch,
Kartoffeln, Mehl, Butter.

Zubereitung:
Zunächst werden einige kleine Salzkartoffeln gekocht. Nun wird die Buttermilch erhitzt und mit etwas Mehl angedickt. Die kleinen Kartoffeln (oder Kartoffelscheiben) in die Suppe geben und über alles gebräunte Butter verteilen. (Abwandlung: ausgebratener Speck). (Von mehreren eingesandten Rezepten habe ich zwei vereint, um den offenbar weit verbreiteten Zubereitungsarten gerecht zu werden).

Falsche Mettklöße

Zutaten:
250 g Kartoffeln,
125 g Zwiebackskrum,
Salz, Muskatnuß,
1 Zwiebel, Fett, 1 Ei.

Zubereitung:
250 g Kartoffeln durchdrehen, 125 g Zwiebackskrum, Salz und Muskatnuß, eine geschwitzte Zwiebel, Fett, ein ganzes Ei. Das Eiweiß schlagen. Die Menge kneten, zu Klößchen formen und in die kochende Suppe geben.

Gefüllte Kartoffeln

Zutaten:
Große Kartoffeln; für die
Füllung jegliche
Bratenreste, am besten
von fettem
Schweinebraten, einige
Eier, Salz, Pfeffer,
Muskatnuß, ger.
Weißbrot, gehackte
Petersilie.

Zubereitung:
Von den geschälten Kartoffeln eine Kappe abschneiden und die Kartoffeln aushöhlen. Bratenreste kleinschneiden und mit den übrigen Zutaten vermischen und abschmecken, dann in die ausgehöhlten Kartoffeln füllen, die Kappe aufsetzen und mit einem Fädchen zubinden. Dann brät man diese Kartoffeln langsam in reichlich Fett von allen Seiten licht-goldbraun und gar. Es ist eine vorzügliche Beilage zu grünen Gemüsen und Blattsalaten.
Zeitaufwand: ca. 1 Stunde.

Lippischer Pickert

Zutaten:
750 g Kartoffeln, 2 bis
4 Eier, 375 g Weizen-
mehl, 25 g Hefe,
250 g Rosinen, etwas
Milch, etwas Salz

Zubereitung:
Die rohen Kartoffeln reiben und mit den Eiern verrühren. Mehl in eine Schüssel geben, in einer Vertiefung die Hefe mit etwas Milch ansetzen und etwas „gehen" lassen, dann verrühren und mit den geriebenen Kartoffeln und den Rosinen vermengen. Wie kleine bis mittlere Pfannkuchen in heißem Fett backen. Dazu reicht man dunklen Sirup, Apfelgelee, Butter, frische Leberwurst oder Zwetschenmus.
Zeitaufwand: ca. 1 Stunde

Stokepuffer (Pannbrei, Stuß)

Zutaten:
(für 4 Pers.) ca. 1 kg
Kartoffeln, 4 Eier,
2 Zwiebeln,
250 g Schinkenspeck.

Zubereitung:
Die rohen Kartoffeln reiben, Eier, etwas Mehl, Salz
und die feingewürfelten Zwiebeln dazugeben. Den
gewürfelten Schinkenspeck in Pfanne oder Bratentopf
auslassen, den Kartoffelteig zufügen, die Milch nach
und nach hinzugeben. Unter ständigem Rühren garen.
Dazu wird kräftiges Brot gegessen.

Teufelskartoffeln

Zutaten:
1 kg Kartoffeln, 5 Eier,
100 g geräuchertes
Bauchfleisch,
2 Rauchenden (oder
Schinkenwurst), 1 Becher
Saure Sahne, ⅛ l Milch,
1 Zwiebel, Pfeffer, Salz,
Semmelmehl und Butter.

Zubereitung:
Pellkartoffeln in Scheiben schneiden. Bauchfleisch
würfeln, leicht ausbraten, geschnittene Zwiebeln
zufügen und glasig werden lassen. Eier hartkochen.
Rauchenden würfeln. Sahne, Milch, Salz und Pfeffer
verquirlen. In eine gefettete Auflaufform schichtweise
Kartoffelscheiben (leicht übersalzen), Zwiebeln und
Bauchfleisch, Rauchenden und schließlich Eischeiben
geben. Das Ganze etwas salzen und pfeffern. Einen
Teil der Sahne/Milch-Mischung darübergeben. Den
Rest genauso schichten. Die letzte Schicht sollten
Kartoffeln bilden. Rest der Flüssigkeit darübergießen,
mit Semmelbrösel bestreuen und Butterflocken
aufsetzen. Ca. 30 Minuten im Backofen garen.

Warmer Kartoffelsalat

Zutaten:
2 kg nicht zu große feste
Kartoffeln, 125 g fetter
Speck, 3 dicke Zwiebeln,
Essig, Zucker, Salz,
weißer Pfeffer.

Zubereitung:
Kartoffeln garkochen, pellen, abkühlen lassen und in
Scheiben schneiden. Dann mit kochendem Wasser
übergießen, so daß sie bedeckt sind, und abdecken.
Speck in kleine Würfel schneiden und glasigbraten. Die
feingewürfelten Zwiebeln zugeben und diese
zusammen mit dem Speck goldgelb braten. Die
Kartoffelscheiben abgießen und mit Essig, Zucker, Salz
und Pfeffer würzen. Dann Speck und Zwiebeln
untermischen. Warm servieren.
Zeitaufwand: 30 Minuten.

Brot- und Getreide- gerichte

Apfelbettelmann

Zutaten:
300 g Schwarzbrot, Zimt,
gestoßene Nelken,
Zitronenschale,
75 g Butter, 75 g Zucker,
50 g Korinthen, 175 g
Ringäpfel oder 750 g
frische Äpfel,
50 g Zucker, ¼ l Milch,
20 g Butter.

Zubereitung:
Die eingeweichten Ringäpfel bzw. die geschnittenen
frischen Äpfel werden mit dem Zucker, den
vorbereiteten (gebrühten) Korinthen und etwas Wasser
weichgeschmort. Schwarzbrot reiben und mit den
Gewürzen vermischen, in der Pfanne mit der Butter
rösten. Dann streut man den Zucker darüber und
schichtet Schwarzbrot und Äpfel abwechselnd in eine
Auflaufform. Mit Butterstückchen belegen und die
angewärmte Milch darübergießen. Ca. 30 bis 45
Minuten im Ofen backen.

Brottorte

Zutaten:
6 Eier, 130 g Zucker, 70 g
Schokolade, 70 g süße
Mandeln, 30 g bittere
Mandeln, 1 g Zimt,
6 Nelken, etwas Anis,
Zitronenschale,
125 g Schwarzbrot,
2 Tassen Rotwein.

Zubereitung:
6 Eidotter werden mit 130 g Zucker gut gerührt, danach
70 g geriebene Schokolade, 70 g süße und 30 g bittere
gestoßene Mandeln, 1 g gestoßener Zimmet, 6 Nelken,
etwas Anis, alles feingestoßen, daruntergerührt.
Abgeriebene Zitronenschale, 125 g geriebenes
Schwarzbrot, das vorher getrocknet und feingerieben
wird, dann mit 2 Tassen roten Wein anfeuchten. Aus
allem einen festen Teig rühren, zum Schluß das Eiweiß
unterrühren. Bei 180 °C eine Stunde backen.
Zeitaufwand: ca. 30 Minuten.

Buchweizentorte

Zutaten:
5 Eiweiß, 5 Eigelb, 2 EL
Wasser, 200 g Zucker,
180 g Buchweizenmehl,
1 EL Speisestärke,
1 TL Kakao und
3 TL Backpulver

Zubereitung:
Aus den Zutaten einen Bisquitteig bereiten. Den
Boden einer Springform (26 cm ⌀) mit
Pergamentpapier auslegen, leicht fetten, den Teig
hineingeben und bei 180 °–200 °C ca. 30 bis 35
Minuten backen. Dann den Kuchen auskühlen lassen,
ein- bis zweimal durchschneiden und füllen.
Füllung: ½–¾ l Sahne, 2 P. Vanillezucker, 450 g
Preiselbeeren, Sahne steifschlagen und Vanillezucker
unterheben. Die Hälfte mit Preiselbeeren vermischen
und den Boden füllen. Mit der restlichen Sahne den
Rand bestreichen und die Torte mit kleinen
Sahneringen garnieren. In jeden Ring das restliche
Preiselbeerkompott geben.
Zeitaufwand: 60 Minuten

Buchweizenpfannkuchen

Zutaten:
3 ganze Eier,
2–3 Tassen Buttermilch,
Buchweizenmehl (ca.
6–7 EL), 1 Prise Salz,
1 TL Backpulver.

Zubereitung:
3 ganze Eier werden gut verquirlt, dann gibt man 2–3 Tassen Buttermilch, Backpulver, Salz und nach und nach Buchweizenmehl hinzu, bis eine dickliche Masse entsteht. In einer Pfanne mit heißem Backfett werden nacheinander die Kuchen von der Teigmasse gebacken. Je nach Geschmack kann man die Pfannkuchen mit dünnen Apfelscheiben, evtl. auch mit dünnen Speckscheiben belegen.

Graupen mit Backpflaumen

Zutaten:
(für 4 Pers.) 200 g
Graupen, 10 g Butter, ¾ l
Wasser, 5 g Salz, 175 g
Backpflaumen,
⅜ l Wasser, 50 g Zucker,
1 Stückchen Zimt,
1 EL Zitronenzucker,
50 g Zimtzucker.

Zubereitung:
Die Graupen werden nach zweimaligem Abwellen mit kaltem Wasser abgegossen, mit Butter unter Rühren abgeschwitzt und, nachdem Salz und ¾ l Wasser dazugegeben sind, in einem irdenen Topf langsam bis zur gehörigen Dicke zum Ausquellen gebracht. Die Pflaumen einige Stunden in ¾ l Wasser weichen lassen, mit diesem Wasser, Zucker, Zimt und dem Zitronenzucker auf die Flamme setzen und zu voller Größe ausquellen lassen. Anschließend die Graupen hinzufügen und mit Zucker und Zimt überstreut anrichten.
(Das Gericht kann zusätzlich noch mit Zucker abgeschmeckt werden.)

Griese Jongs

Zutaten:
2 Eier, ¼ l Milch, 1 Prise
Salz, etwa 200 g
Buchweizenmehl,
1½ l Milch, ½ TL Salz.

Zubereitung:
Die Eier mit der Milch (¼ l) verschlagen, mit dem Salz würzen und soviel Buchweizenmehl einrühren, daß ein dicker Rührteig entsteht. Milch und Salz aufkochen, von dem Teig eßlöffel- oder teelöffelgroße Klöße formen und in der Milch garziehen lassen. Die Klöße mit der Milch essen. Bleiben einige übrig, kann man sie wieder erwärmen oder kalt mit Sirup essen.

Grützepuffer

Zutaten:
250 g Buchweizengrütze,
2 EL Paniermehl, ca. ¼ l
Milch, 2 bis 3 Eier, etwas
Zucker und Salz.

Zubereitung:
Die Grütze feinmahlen und mit dem Paniermehl vermengen. Die Milch dazugeben und gut durchziehen lassen (am besten am Morgen vorbereiten). Vor dem Braten in der Pfanne die restlichen Zutaten unterrühren. Der Teig muß schön geschmeidig sein.

Von beiden Seiten schön braunbacken. Warm servieren, etwas Zucker darüberstreuen – und eine Tasse Kaffee dazu.

Nachspeisen

Arme Ritter

Großmutters Bratäpfel

Buttermilchspeise

Igel im Schnee

Krümelpudding

Kürbis-Kompott

Lust und Liebe

Nesselröder Pudding

Sahnepudding mit Blockschokolade

Süße Flottcreme mit Vanille

Stachelbeercreme

Vanille-Äpfel

Welfenspeise

Arme Ritter

Zutaten:
8 Scheiben Weißbrot
(altbacken), ¼ l Milch,
2 Eier, 1 EL Zucker,
1 Prise Salz,
Semmelbrösel, Fett zum
Backen, Zimt, Zucker
und Himbeersaft.

Zubereitung:
Das Weißbrot auf eine flache Platte legen, Milch mit Eiern, Salz und Zucker verquirlen. Die Mischung über die Weißbrotscheiben gießen und einziehen lassen. Die Scheiben dann vorsichtig herausnehmen, in den Semmelbröseln wälzen und in heißem Fett von beiden Seiten braunbraten. Warm als Nachtisch reichen. Bei Tisch mit Zimt und Zucker bestreuen und etwas Himbeersaft darübergießen.

Großmutters Bratäpfel

Zutaten:
12 säuerliche, feste Äpfel,
24 Stück Würfelzucker,
50 g Mandelblättchen,
50 g Rosinen, 12 TL
Himbeermarmelade,
2 EL Rum, 30 g Butter.

Zubereitung:
Äpfel waschen, abtrocknen und mit einem Apfelausstecher das Kerngehäuse herausstechen. Je ein Stück Würfelzucker von unten in die Äpfel stecken, Mandelblättchen, Rosinen und Himbeermarmelade mit Rum vermischen. Äpfel damit füllen, die restlichen Zuckerstücke lose obenauf legen. Die Äpfel in eine mit 10 g Butter gefettete flache Auflaufform setzen. Auf jeden Apfel ein kleines Butterflöckchen legen. Die Äpfel im vorgeheizten Backofen bei 200 °C 45 Minuten backen lassen. Dazu reicht man warme oder kalte Vanille- und Schokoladensoße.

Buttermilchspeise (für 6 Personen)

Zutaten:
1 l Buttermilch,
abgeriebene Schale einer
½ Zitrone, Zitronensaft
von 1 Zitrone, 2 EL
Rum, 100 g Zucker, 5 bis
6 Blatt rote und 5 bis
6 Blatt weiße Gelatine.

Zubereitung:
Die Buttermilch mit Zitronensaft, Zitronenschale und Rum gut verrühren. Die aufgelöste Gelatine und den Zucker dazugeben. Wenn die Speise anfängt, dick zu werden, gibt man sie in eine Glasschüssel und stellt sie kalt.
Zeitaufwand: ca. ½ Stunde

Igel im Schnee

Zutaten:
125 g geriebenes
Schwarzbrot oder
Pumpernickel, 60 g
Zucker, 100 g geriebene
Schokolade, 30 g
abgezogene und in Stifte
geschnittene Mandeln,
2 EL Likör,
1 Vanillezucker,
½ l Schlagsahne.

Zubereitung:
Den geriebenen Pumpernickel oder das Schwarzbrot mit der geriebenen Schokolade und Vanillezucker vermengen. Mit dem Likör etwas anfeuchten, daß man es zu einer Kugel formen kann. Die Kugel in ein Glas oder eine Glasschale legen und mit Mandelstiften spicken. Das Ganze mit steifgeschlagener Sahne umlegen.
Zeitaufwand: ca. 20 Minuten.

Krümelpudding

Zutaten:
200 g Blockschokolade,
200 g Zwieback,
½ l Sahne, 2 EL Zucker
und 1 EL Rum.

Zubereitung:
Blockschokolade und Zwieback reiben, Sahne
schlagen, Zucker und Rum unterziehen. Die geriebene
Schokolade, den geriebenen Zwieback und die
Schlagsahne abwechselnd in dünnen Schichten in eine
Glasschale füllen. Mit Sahne abschließen und beliebig
garnieren.
Zeitaufwand: ca. 30 Minuten.

Kürbis-Kompott

Zutaten:
Essig, 5 Pfd. Kürbis,
2½ Pfd. Zucker, Ingwer,
weiße Pfefferkörner, Saft
einer Zitrone, 1 Weinglas
Rum.

Zubereitung:
Kürbis in Stücke schneiden, 24 Stunden in Essigwasser
stehenlassen (1 Teil Essig, 2 Teile Wasser). Danach im
Sieb abtropfen lassen und neues Essigwasser nehmen.
Zucker dazugeben und klarkochen, Pfefferkörner,
Ingwer und Zitronensaft zufügen und die Kürbisstücke
darin glasigkochen. Zum Schluß den Rum dazugeben.
Zeitaufwand: ca. 1 Stunde

Lust und Liebe

Zutaten:
1 Tasse Himbeersaft,
2 EL Zucker, etwas
Vanillezucker, 8 Blatt rote
Gelatine,
3 Eischnee, Johannis-
oder Preiselbeeren,
Vanillesoße.

Zubereitung:
1 Tasse Himbeersaft von frischen Beeren, 2 EL Zucker
und Vanillezucker verrühren. Die aufgelöste Gelatine
zugeben. Wenn es kalt und steif wird, den Eischnee
unterheben. Unten in die Schale die Beeren legen. Fest
werden lassen. Dazu Vanillesoße reichen.
Zeitaufwand: ca. 15 Minuten.

Nesselröder Pudding

Zutaten:
½ l Milch, ¼ Pfund
Zucker, ¼ Pfund Nüsse,
½ Stange Vanille,
7 Blatt weiße Gelatine,
¼ l Schlagsahne,
¼ Pfund in Rum
aufgequollene Sultaninen,
50 g Zitronat.

Zubereitung:
Milch, Zucker, Nüsse (gerieben) und die zerkleinerte
Vanille werden zusammen aufgekocht. Dann mischt
man die aufgelöste Gelatine darunter. Wird die Masse
dick, werden die geschlagene Sahne, die Sultaninen
und das Zitronat daruntergemischt. Verziert wird mit
etwas Schlagsahne und Raspelschokolade.
Zeitaufwand: ca. ½ Std.

Sahnepudding mit Blockschokolade

Zutaten:
¾ l Milch, 125 g Zucker,
1 Päckchen
Vanillezucker, 8 bis 10
Blatt weiße Gelatine,
½ l Schlagsahne,
100 g Blockschokolade.

Zubereitung:
Die Milch mit dem Zucker aufkochen. Die aufgelöste
Gelatine unter Rühren zugeben, zum Erstarren
kaltstellen. Zwischendurch die Masse umrühren.
Sobald sie dicklich wird, die steifgeschlagene Sahne
und die geriebene Blockschokolade unterheben. Die
fertige Speise in Schalen füllen und mit Schlagsahne
verzieren.
Zeitaufwand: ca. 60 Minuten.

Süße Flottcreme mit Vanille

Zutaten:
½ l süße Sahne, Zucker
nach Geschmack,
4 Eigelb, ½ Stange
Vanille.

Zubereitung:
Die Sahne schlägt man mit Zucker und Vanille bei
geringer Wärmezufuhr, gibt nach und nach die
gerührten Eigelb hinzu, schlägt kräftig weiter, bis die
Masse aufkocht.
Diese Creme eignet sich gut zu Eis, auch ist es das
Feinste auf Tutti-Frutti.
Zeitaufwand: 20 Minuten.

Stachelbeercreme

Zutaten:
1 Glas Stachelbeer-
Kompott, 3 Eier, Zucker
nach Geschmack
(ca. 125 g).

Zubereitung:
Stachelbeeren auf einem Sieb abtropfen lassen, die
Eier trennen, das Eigelb mit Zucker solange schlagen,
bis es weiß wird, mit den Beeren mischen. Eischnee
unterziehen. Die Masse reicht für eine Glasschale.
Zeitaufwand: ca. ¼ Stunde.

Vanille-Äpfel

Zutaten:
1½ Pfund Äpfel, ⅛ l
Wasser, ⅛ l Weißwein,
150 g Zucker, etwas
Zitronenschale. Soße: ⅛ l
Milch, 1 Stange Vanille,
3 Eiweiß (Schnee),
3 Eigelb,
20 g Mondamin.

Zubereitung:
Die Äpfel werden gewaschen, das Kerngehäuse
entfernt, sie werden geschält und in der Zuckerlösung
weichgekocht, herausgenommen und die Zuckerlösung
darübergegossen. Aus den übrigen Zutaten stellt man
eine Vanillesoße her, legiert sie mit Eigelb, zieht den
Eischnee darunter und gießt die Soße über die Äpfel.
Zeitaufwand: 90 Minuten.

Welfenspeise (für 6 Personen)

Zutaten:
½ l Milch,
½ Vanillestange, 30 g
Zucker, 35 g Stärkemehl,
1–2 Eiweiß, 3 ganze Eier
(oder 2 und 1 Eigelb), ⅛ l
Weißwein, 70 g Zucker,
Saft und Schale einer
Zitrone, 4 Blatt weiße
Gelatine.

Zubereitung:
Für Weiß:
Man läßt Milch mit der Vanillestange aufkochen und
das kalt angerührte Stärkemehl darin 5 Min.
ausquellen, schmeckt die Speise mit Zucker ab, hebt
den Eischnee darunter und gibt die Masse in eine
Glasschale.
Für Gelb:
Die Eier, den Weißwein, Zucker, Zitronensaft und
-schale und Gelatine schlägt man im Wasserbad bis zum
Dickwerden, füllt die Masse dann über die vorige und
läßt sie erkalten.
Zeitaufwand: 20 Minuten.

Puddings und Aufläufe

Apfel-Cremespeise (für 6 Personen)

Zutaten:
¼ l Milch, 1 Stück
Vanille, 3 EL Mehl,
1 EL Butter, 3 Eigelb,
Salz,
2 EL Zucker, Weißwein,
Äpfel, Kirschen, Zimt

Zubereitung:
Mit ¼ l Milch kocht man 1 Stück gespaltene Vanille auf und läßt sie zugedeckt stehen. 3 EL Mehl werden in einer Schale mit 1 EL Butter verknetet. Nach und nach die heiße Milch dazugeben und über dem Feuer zu einem festen Brei rühren. Nach dem Abkühlen rührt man 3 Eigelb, 1 Prise Salz, 2 EL Zucker dazu, dann den geschlagenen Eischnee unterheben. Die Hälfte des Teiges in eine gefettete Auflaufform geben. Darauf die mit Weißwein und Zucker gekochten Äpfel geben.

Ganze Äpfel kann man mit Kirschen füllen, nach Belieben mit Zimt oder Rum schmackhaft machen! Oben auf die andere Hälfte des Teiges etwas Zucker darüber. Dann bei 180 Grad 40 Min. backen.

Zeitaufwand: ½ Std. ohne Backen.

Birnenteig

Zutaten:
Speckscheiben, Wasser,
Birnen, 50 g Fett, 100 g
Zucker, 4 Eigelb, 500 g
Mehl, ½ l Milch, 1 P.
Backpulver, 4 Eischnee.

Zubereitung:
Eine Auflaufform mit Speckscheiben auslegen. Birnen in wenig Wasser ¼ Stunde dünsten, auf die Speckscheiben legen. Fett, Zucker und Eigelb schaumigrühren, das mit Backpulver vermengte Mehl und die Milch nach und nach dazugeben. Zuletzt das geschlagene Eiweiß unterheben. Den Teig auf die Birnen geben. Eine Stunde bei 175 °C backen.

Zeitaufwand: ca. 1½ Stunden.

Grießmehlpudding

Zutaten:
375 g Grieß, ¾ l Milch,
125 g Butter, 125 g
Zucker, 8 Eier, Rosinen,
Saft von 1 Zitrone,
Paniermehl, Butter zum
Einfetten.

Zubereitung:
Milch mit der Butter aufkochen, den Grieß langsam hineinstreuen, bis sich die Masse vom Topf löst. Nach dem Erkalten gibt man Zucker, Zitronensaft, Eier, gewaschene Rosinen und Eischnee dazu. In einer eingefetteten, mit Paniermehl ausgestreuten hohen Puddingform wird der Pudding 1½ Stunden im Wasserbad gekocht. Mit Obst oder Weinschaumsoße servieren.

Zeitaufwand: ca. 1 Stunde.

Hannoverscher Mehlpudding

Zutaten:
*1 l Milch, ½ Pfd. Butter,
1 Pfd. Mehl, 10 Eier,
½ Pfd. Zucker,
Zitronenschale,
Vanillestange.*

Zubereitung:
1 l Milch wird zum Kochen gebracht, ½ Pfd. Butter,
1 Pfd. gesiebtes Mehl wird solange gerührt, bis es sich
vom Topf gelöst hat, dann läßt man es abkühlen.
10 Eigelb werden mit einem ½ Pfd. Zucker
schaumiggerührt, feingeschnittene Zitronenschale oder
Vanille hinzutun und mit der anderen Masse vermischen.
Den Eischnee darunterheben, eine Puddingform etwa
zu ¾ füllen und eine Stunde kochen lassen.
Zeitaufwand: 1 Stunde.

Hefepudding (für 4 Personen)

Zutaten:
*25 g Hefe, ³⁄₁₆ l Milch,
500 g Mehl, 35 g Fett,
3 Eier, 65 g Zucker,
1 EL Zitronenzucker,
¼ TL Zimt,
1 feingestoßene Nelke,
1 Prise Salz, 125 g Korinthen, 25 g Sultaninen,
12 g Zitronat
(kleingewiegt); 5 g Butter,
10 g geriebene Semmel
zum Einfetten der Form.*

Zubereitung:
Hefe, lauwarme Milch und ein Viertel des Mehls
werden zum Hefestück angesetzt. Das Fett wird
verrührt; alle Zutaten werden damit vermischt. Das
aufgegangene Hefestück und das übrige Mehl wird mit
der Masse tüchtig verschlagen und in eine
ausgestrichene und ausgestreute Puddingform
(halbvoll) gefüllt.
Wenn der Pudding nach ½ Stunde aufgegangen ist,
wird er, fest verschlossen, im Wasserbad 1¼ Stunde
gekocht. Man reicht Frucht- oder Weinsoße dazu.
Zeitaufwand: ca. 3 Stunden.

Kürbisasch (Auflauf für 4 Personen)

Zutaten:
*1,5 Pfund geschälte,
kleingeschnittene
Kürbisstreifen, 4 Eier,
½ l Milch, ½ TL Salz,
6 EL Zucker, 8 EL
Grieß, 3 in Wasser
eingeweichte Brötchen,
250 g Backpflaumen,
2 P. Vanillezucker.*

Zubereitung:
Alle Zutaten, auch die ausgedrückten Brötchen und die
eingeweichten Pflaumen im Sieb abtropfen lassen.
Dann die Springform mit Butter ausstreichen, und in
diese alle vorher mit einem Schneebesen grob
durcheinander geschlagenen Zutaten geben. Die
Pflaumen einzeln in den Teig stecken und obenauf mit
Butterflöckchen belegen. Bei 200 °C eine Stunde
backen.
Zeitaufwand: ca. 2 Stunden.

Nudel-Apfel-Auflauf

Zutaten:
*350 g Nudeln
(Hörnchen), 1¼ l Milch,
1¼ Pfund Äpfel, Zucker,
½ l saure Sahne, 3 Eier,
2 P. Vanillezucker.*

Zubereitung:
Die Nudeln werden in der Milch halb gar gekocht, dann
schichtweise mit den eingezuckerten, geschnittenen
Äpfeln in eine gefettete Auflaufform gefüllt. Die saure
Sahne verquirlt man mit den Eiern und dem
Vanillezucker, gießt es über die Nudeln und Äpfel und
läßt es 1½ Stunden backen.
Zeitaufwand: 2 Stunden (½ Stunde Arbeit).

Reispudding mit Makronen

Zutaten:
*250 g Reis, 1 l Milch,
etwas Zimt (ganzer) und
Zitronenschale, 125 g
Butter, 125 g Zucker,
10 Eier, 125−250 g
Makronen.*

Zubereitung:
Der Reis wird in der Milch mit etwas Zimt und
Zitronenschale langsam gargekocht. Nachdem er ein
wenig abgekühlt ist, rührt man die Butter zu Sahne,
gibt Zucker, abgeriebene Zitronenschale, Eidotter und
den abgekühlten Reis hinzu und mischt zuletzt den
festen Eischnee unter. Dann gibt man die Masse mit
den Makronen lagenweise in eine gut ausgestrichene
Form und kocht sie 2½ Stunden. Es wird eine
Weinschaumsauce dazu gereicht.

Zeitaufwand: ca. 1¼ Stunden.

Röhrenklump I

Zutaten:
5 Pfund Kartoffeln, 250 g
Räucherspeck, 2 Eier
(beliebig auch mehr),
5 Scheiben altes Weißbrot,
4 EL Paniermehl.

Zubereitung:
Rohe Kartoffeln reiben, die Masse ausdrücken, das
gewürfelte Weißbrot in ungefähr 100 g Räucherspeck
rösten. Bratentopf mit dünnen Speckscheiben
auslegen. Die mit Eiern, Salz, Paniermehl, geröstetem
Weißbrot und Speck vermischte Kartoffelmasse
einfüllen und mit dünnen Speckscheiben belegen. Im
Ofen backen bis eine braune Kruste entstanden ist.
Backdauer je nach Menge ca. 2 Stunden.
Dazu wird Kompott gegessen.

Röhrenklump II

Zutaten:
3 kg Kartoffeln, 2—3 TL
Salz, ¾ bis 1 l Milch,
5 Eier, 1 kg gut
durchwachsenen Speck
(frisch, am Abend vorher
einsalzen).

Zubereitung:
Rohe Kartoffeln reiben, Salz und Eier hinzugeben.
Alles kräftig verrühren. Nun gibt man die Milch dazu
und füllt alles in eine große gefettete Auflaufform. Der
gesalzene Speck wird abgewaschen und in die Mitte der
Masse gegeben. Kleine Butterstücke aufsetzen.
4 Stunden auf unterer Schiene bei mittlerer Hitze
backen.
Dazu reicht man Apfelmus.

Sauerkrautauflauf (Resteverwertung)

Zutaten:
Sauerkraut vom Tag
vorher, gewürfelte
Fleischreste oder Würste,
Kartoffelbrei.

Zubereitung:
Sauerkraut in eine Auflaufform geben. Fleisch oder
Wurst darauf verteilen. Kartoffelbrei darüberstreichen
und mit dem Messer verzieren. Mit Butterflöckchen
belegen und mit Paniermehl bestreuen. Bei mittlerer
Hitze im Backofen 45 Minuten überbacken.

Warmer Pudding von Kuchenresten

Zutaten:
Kuchenreste von
Zuckerkuchen o. ä.,
⅛ l Milch, 4 Eier, 20 g
Zucker, 30 g Rosinen,
30 g gehackte oder
geriebene Mandeln, etwas
Zitronenschale.

Zubereitung:
Die Kuchenreste werden in Stücke gebrochen, die
Milch verquirlt man mit den ganzen Eiern, dem Zucker
und der Zitronenschale und gießt sie über die Reste.
Eine halbe Stunde ziehen lassen. Eine Warme-
Pudding-Form wird gefettet und die Masse mit Rosinen
und Mandeln vermischt eingefüllt. Dann schließt man
die Form und kocht sie im Wasserbad ca. 60 Minuten.
Dazu reicht man Obst oder Weinschaumsoße.
Zeitaufwand: ca. 15 Minuten.

Brotaufstrich und Pasteten

Apfelschmalz

Gänseleberpastete

Hasenpastete

Holsteiner Leberwurst

Kochkäse

Wurstebrei

Apfelschmalz

Zutaten:
*100 g Räucherspeck,
1 kg Äpfel.*

Zubereitung:
Den gewürfelten Speck in der Pfanne ausbraten. Die geschälten und zerschnittenen Äpfel dazugeben. Zudecken und garen lassen (etwa 5 bis 10 Minuten). Nach Belieben mit Zucker abschmecken. Apfelschmalz wird warm auf Graubrot oder Semmel gegessen.

Gänseleberpastete

Zutaten:
6 große Gänselebern, 1 kg Schweinebauch, Suppenkraut, Trüffel, Champignons, Salz, Pfeffer, Zwiebelfett.

Zubereitung:
Die Gänselebern werden gewaschen und in Milch gelegt. Den Schweinebauch mit Suppenkraut in wenig Wasser kochen. Die Hälfte der Leber in Scheiben schneiden, mit länglichen Trüffelstückchen belegen und lagenweise zwischen die übrigen, mit dem Bauchfleisch sehr fein durch den Fleischwolf gedrehten Lebern legen. Diese Farce rührt man mit den Champignons, Salz und Pfeffer sowie reichlich Zwiebelfett an. In Gläsern oder Dosen 1½ bis 2 Stunden kochen.

Hasenpastete

Zutaten:
Hasenfleisch (das sonst zu Hasenpfeffer verwendet wird), ½ kg recht fettes Schweinefleisch, 8 Sardellen, Schalotten, etwas Butter, 2 Eier, Champignons oder Trüffelsauce.

Zubereitung:
Das Hasenfleisch wird mit dem Schweinefleisch gargekocht, Knochen und Sehnen entfernt man vom Hasenfleisch. Schweine- und Hasenfleisch wird sehr feingehackt, dann gibt man die 8 gewaschenen, entgräteten Sardellen und einige in Butter weichgeschmorte, gewürfelte Schalotten dazu. Die Menge wird mit etwas Bouillon, 2 Eiern, Champignons oder Trüffelsauce vermischt und dann in einer mit Speck ausgelegten Form gebacken. Nach Belieben kann man einige Champignons oder Trüffel hinzufügen. Auf eine Schüssel gestülpt, belegt man die kalte Pastete mit Gelatine.

Zeitaufwand: Backzeit ca. 1 Stunde.

Holsteiner Leberwurst

Zutaten:
500 g rohe Leber, 6 Hände Zwiebackmehl, 10 Eier, 1 l Milch, Salz, Nelkenpfeffer, etwas schwarzen Pfeffer, etwas Butter oder Abfüllfett.

Zubereitung:
Die Leber durch die feine Scheibe des Fleischwolfes drehen. Das Zwiebackmehl, die Gewürze, die Milch, Eigelb und Fett zufügen. Das Eiweiß zu Schnee schlagen und unter die Masse heben. In dünne Schweinedärme füllen (sehr locker) und bei 80 Grad eine Stunde ziehen lassen. Man kann die Wurst auch in Gläser füllen (gut halbvoll) und in 1,5 Stunden bei 100 Grad einwecken.

Kochkäse

Zutaten:
*1 Harzer Käse, 1 Stich
Butter, 250 g Quark,
1 Eigelb, 1 Tasse Milch,
2 TL Kümmel,
1 Messerspitze Natron.*

Zubereitung:
Den Harzer Käse in kleine Stücke schneiden und in der
Pfanne mit der Butter langsam schmelzen lassen.
Milch, Quark, Kümmel und Natron zugeben und
langsam aufkochen. Zum Schluß das Eigelb
unterrühren.

Wurstebrei

Zutaten:
*500 g feine Gerstengrütze,
1 kg Bauchfleisch, Brühe,
Salz, Pfeffer und Piment.*

Zubereitung:
Die Gerstengrütze in der Brühe garen (etwa 1½
Stunden). Das Fleisch durch den Wolf drehen und zu
der weichen Grütze geben. Dicklich einkochen lassen
und mit Salz, Pfeffer und Piment abschmecken.

Der Wurstebrei kann einige Tage im Kühlschrank oder
im kalten Keller aufbewahrt werden. Er läßt sich auch
gut einfrieren. (Man wärmt ihn in Portionen auf.)

Backwerk

Brot und Brötchen

Brot aus Reis und Weizenmehl

Käsebrötchen

Pumpernickel

Vanille-Zwieback

Zwieback

Brot aus Reis und Weizenmehl

Zutaten:
1 Pfd. Reis, Milch, 4 Pfd. Weizenmehl, 50 g Hefe (auflösen), 1 EL Salz, warmes Wasser.

Zubereitung:
Man kocht 1 Pfd. Reis in Milch völlig weich und vermengt ihn noch warm mit 4 Pfd. Weizenmehl, fügt 50 g aufgelöste Hefe, 1 EL Salz und soviel warmes Wasser hinzu, daß man einen geschmeidigen Teig erhält, den man tüchtig schlägt, aufgehen läßt und zu zwei Broten formt. Man bestreicht sie mit zerquirltem Eigelb und backt sie in einem gutgeheizten Ofen etwa 1 Stunde bei 200 °C.

Zeitaufwand: ca. 1 Stunde.

Käsebrötchen

Zutaten:
500 g Mehl, 250 g Zucker, 500 g Quark, 2 Päckchen Vanille-Zucker, 1½ Päckchen Backpulver, 2 Eier.

Zubereitung:
Alles zusammen durchkneten, Brötchen formen und bei 180 °C backen. Ofentür zwischendurch nicht öffnen, da die Brötchen dann zusammenfallen. Backzeit 40 Minuten.

Pumpernickel

Zutaten:
2 Pfund Mehl, 1½ Pfund Zucker, 1 Backpulver, ½ Pfund Margarine, 6 Eier, 1 TL Zimt, 1 TL gem. Nelken, 1 Teller geriebene Nüsse, einige geriebene Zwiebäcke.

Zubereitung:
Alle Zutaten zu einem Teig kneten, kaltstellen, ausrollen und mit einem Rädchen schräge Stücke schneiden. Auf ein mit Backpapier ausgelegtes Blech legen, mit Eigelb bepinseln. Bei 200 Grad im Ofen hellbraunbacken.

Vanille-Zwieback

Zutaten:
250 g Zucker, 8 Eigelb, 1 Päckchen Vanillezucker, ½ Päckchen Backpulver, 300 g Mehl.

Zubereitung:
Das Eigelb wird mit dem Zucker schaumiggerührt. Nach und nach fügt man das mit dem Backpulver gemischte Mehl hinzu. Von dem fertigen Teig kleine Kugeln formen, die auf einem gut gefetteten Backblech ausgebacken werden. Am nächsten Tag das Backwerk in zwei gleiche Teile schneiden und bei mäßiger Hitze im Backofen rösten.

Zwieback

Zutaten:
500 g Mehl, 20 g Hefe, knapp ¼ l Milch, 60 g Zucker, 1 Ei, 1 Prise Salz, etwas Zitronenschale, 60–80 g Butter.

Zubereitung:
Man bereitet aus diesen Zutaten einen ziemlich festen Hefeteig, füllt ihn in eine Kastenform und läßt ihn gehen. Dann mit Wasser oder Ei bestreichen und bei guter Mittelhitze ungefähr ¾ Stunde backen. Nach dem Erkalten in gut 1 cm dicke Scheiben schneiden und auf dem Blech im Backofen hellbraunrösten. Nach Belieben mit Zucker- oder Schokoladenguß überziehen.

Backwerk

Kuchen

Apfelkuchen mit Schneedecke

Blitzkuchen

Böhmischer Apfelkuchen

Fruchtkuchen

Großmutters Blechkuchen

Hummelkuchen

Käsekuchen mit Streusel

Mandelguglhupf

Möhrenkuchen

Rosinenkuchen

Rotweinkuchen

Sahne-Topfkuchen

Apfelkuchen mit Schneedecke

Zutaten:
*100 g Butter,
75 g Zucker, 1 P.
Vanillezucker, 2 Eigelb,
½ Fläschchen Rum-
Aroma, 175 g
Weizenmehl, 75 g Gustin,
9 g Backpulver, 6–7 EL
Milch, 750 g Äpfel; für
die Schneedecke: 2
Eiweiß, 50 g Zucker, 25 g
geschnittene (gehobelte)
Mandeln.*

Zubereitung:
Das Fett schaumigrühren, nach und nach Zucker,
Vanillezucker, Eigelb und Rum-Aroma hinzugeben.
Das mit Gustin und Backpulver gemischte, gesiebte
Mehl abwechselnd mit Milch unterrühren. Der Teig
muß schwer (reißend) vom Löffel fallen. Den Teig in
eine gefettete, mit Semmelbrösel ausgestreute
Springform (26 cm) füllen und glattstreichen. Die
geschälten Äpfel in feine Scheiben schneiden, auf dem
Teig verteilen, 1 cm am Rand freilassen. In dem
vorgeheizten Backofen bei 180 °C ca. 45 Minuten
backen. Inzwischen den Eischnee mit Zucker
steifschlagen (Messerschnitt). Kurz bevor der Kuchen
gar ist, den Eischnee bergförmig auf dem Kuchen
verteilen und mit Mandeln bestreuen. Anschließend 10
Minuten bei 180 °C leicht bräunen.

Blitzkuchen

Zutaten:
*250 g Butter, 500 g
Zucker, 1 Päckchen
Backpulver, 8 Eier, 500 g
Mehl, 125 g gehackte
Mandeln, ½ TL Zimt,
1 Zitrone.*

Zubereitung:
Butter, Zucker und die ganzen Eier schaumigrühren.
Backpulver und Mehl hinzufügen, dann die
abgeriebene Zitronenschale. Der fertige Teig wird auf
ein gefettetes Backblech etwa 2–3 cm dick
aufgestrichen. Mit den Mandeln, Zucker und Zimt
bestreuen. Etwa ½ Stunde backen. Man schneidet den
Kuchen gleich auf. Er hält sich lange.
Zeitaufwand: ca. 45 Minuten.

Böhmischer Apfelkuchen

Zutaten:
*6 Eier, ½ Pfund Zucker,
75 g Grieß, 1 EL Kakao,
120 g gem. Nüsse,
½ Pfund Äpfel (raspeln).*

Zubereitung:
Eier mit Zucker schaumigrühren, die restlichen
Zutaten hinzugeben. Auf 200 Grad 45 Min. backen.
Wenn erkaltet, Aprikosenmarmelade und
Schokoladenguß darüberziehen. Form: gefettete
Springform.
Zeitaufwand: ca. 1 Stunde.

Fruchtkuchen

Zutaten:
¾ *Pfund Rosinen,*
¾ *Pfund Korinthen,*
½ *Pfund Zucker,*
½ *Pfund Butter, 5 Eier,*
¼ *Pfund Succade,*
½ *Pfund Mehl,*
½ *Weinglas Rum,*
¼ *Pfund Mandeln;*
als Gewürz: Zitronen,
Vanillearoma, gem.
Nelken, Zimt, Muskatnuß
und Muskatblüte, ½ TL
Backpulver.

Zubereitung:
Zucker und Butter schaumigrühren, danach Eigelb und alle Zutaten gut verrühren. Zuletzt Backpulver und Eischnee unterrühren. In einer gut gefetteten Form eine Stunde bei mittlerer Hitze backen. Der fertige Kuchen hält sich über mehrere Wochen im Kühlschrank frisch.

Zeitaufwand: 1½ Stunden.

Großmutters Blechkuchen

Zutaten:
Für den Belag: 250 g
Rosinen, 200 g Zitronat,
100 g gehackte Mandeln,
100 g Kokosraspeln,
1 gestr. TL Zimt, 80 g
Zucker, ⅜ l
ungeschlagene Sahne.
Für den Teig: 150 g
Butter, 120 g Zucker,
2 Eier, 1 Pr. Salz, 500 g
Mehl, 1 Päckchen
Backpulver, ¼ l Milch.

Zubereitung:
Für den Belag:
Rosinen, Zitronat, Mandeln, Kokosraspeln, Zimt, Zucker und die Sahne in eine Schüssel geben und alles gut durchrühren. 30 Minuten durchziehen lassen, ab und zu durchrühren.
Für den Teig:
Butter mit dem Schneebesen des Handrührgerätes schaumigrühren, Zucker und Eier dazugeben, weiterrühren, bis alles gut schaumig ist. Dann Salz, Mehl und Backpulver vermischen und im Wechsel mit der Milch unterrühren.

Den Teig in eine ausgefettete Fettfangschale geben. Kein Backblech verwenden, der Teig würde herunterlaufen. Den Belag nochmals durchrühren und auf den Teig verteilen.

Zeitaufwand: ca. 45 Minuten.

Hummelkuchen

Zutaten:
150 g Butter oder
Margarine, 6 Eier, 250 g
Zucker, 300 g Mehl, 1 P.
Backpulver, 6 EL Sahne.
Für den Belag: 200 g
Butter oder Margarine,
200 g Zucker, 3 EL
Sahne, 60 g Mehl, 250 g
geraspelte Mandeln.

Zubereitung:
150 g Fett schmelzen und abkühlen lassen. Die 6 Eier und 250 g Zucker schaumigrühren, dann nach und nach das noch flüssige Fett hinzufügen. 300 g Mehl, Backpulver und Sahne dazugeben. Den Teig auf ein gefettetes Backblech streichen und im vorgeheizten Ofen 15 Min. backen.

Inzwischen: 200 g Fett, 200 g Zucker, Sahne und Mehl kurz aufkochen, dann die Mandeln unterrühren. Den vorgebackenen Teigboden aus dem Ofen nehmen und den Belag darauf verteilen; 10 bis 15 Min. weiterbacken.

Zeitaufwand: ½ Stunde.

Käsekuchen mit Streusel

Zutaten:
*250 g Mehl, 15 g Hefe,
knapp ⅛ l lauwarme
Milch, 40 g zerlassene
Margarine, 1 Eßl.
Zucker, 1 Prise Salz,
2 Eier, 150 g Margarine,
125 g Zucker, 1 Päckchen
Vanillezucker, Saft und
Schale von 1 Zitrone,
750 g Magerquark,
2 gestr. Eßl. Speisestärke,
125 g zerlassene Butter,
200 g Mehl, 125 g
Zucker, ½ Teel.
gemahlener Zimt.*

Zubereitung:
Mehl sieben, Hefe mit ⅛ l Milch verrührt in die Mitte gießen, verrühren, mit Mehl bestäuben, zudecken und 30 Min. gehenlassen. 40 g Margarine, Zucker, Salz zugeben und den Teig glattkneten. Auf einem Kuchenblech ausrollen und bei 50 Grad im etwas offenen Backofen gehen lassen.

2 Eier, 150 g Margarine, 125 g Zucker, Vanillezucker schaumigrühren. Zitronensaft und abgeriebene Schale, Quark und Speisestärke hineinrühren. Aus 125 g Butter, 200 g Mehl, 125 g Zucker und Zimt Streusel herstellen. Die Quarkmasse auf den Teig streichen und mit den Streuseln bestreuen. Bei 200 Grad ca. 35−45 Min. backen.

Zeitaufwand: ca. 1¾−2 Std.

Mandelguglhupf

Zutaten:
*300 g Mehl, 30 g Hefe,
⅛ l Milch, 100 g Zucker,
100 g Butter, 1 Prise Salz,
2 Eier, 50 g Rosinen, 50 g
Korinthen, 50 g Sukkade,
Butter für die Form,
100 g geschälte
Mandelkerne.*

Zubereitung:
Das Mehl in eine Schüssel sieben und in die Mitte eine Vertiefung drücken. Die Hefe hineinbröckeln und mit 3 EL lauwarmer Milch und 1 TL Zucker verrühren. Den restlichen Zucker an den Rand geben. Die Schüssel mit einem Küchentuch abdecken und alles an einem warmen Ort 15 Minuten ruhen lassen, bis der Vorteig sich verdoppelt hat.

Inzwischen die restliche Milch erwärmen, das Fett darin schmelzen und die lauwarme Mischung mit Salz und den Eiern verquirlen. Den Teig dann von der Mitte aus mit der Flüssigkeit verrühren und dabei kräftig schlagen, bis er Blasen wirft.

Rosinen und Korinthen mit kochendem Wasser überbrühen, waschen und trockentupfen. Beides zusammen mit der Sukkade unter den sehr weichen Hefeteig rühren. Die Masse mit etwas Mehl bestäuben und nochmals 15 bis 20 Minuten gehen lassen.

Eine Guglhupfform dick mit Butter ausfetten und die Mandelkerne in die Rillen drücken. Den Hefeteig einfüllen und die Form auf den Rost des kalten Backofens in die untere Schiebleiste setzen. Backen im E-Herd auf 175 °C, im Gasherd auf Stufe 2. Den Guglhupf ca. 55 Minuten goldbraun backen. Noch 10 Minuten im abgeschalteten Herd ruhen lassen. Kuchen etwas erkalten lassen, dann auf ein Gitter stürzen und nach dem völligen Erkalten auf eine Platte setzen, so daß die Mandeln gut zu sehen sind.

Zeitaufwand: 2½ Stunden.

Möhrenkuchen

Zutaten:
250 g Mehl, 250 g
Mohrrüben, 50 g Butter,
125 g Zucker, 1 Päckchen
Vanillezucker, eine Prise
Salz, 3 EL Milch, 3 gestr.
TL Backpulver.

Zubereitung:
Die Butter mit 1 EL Zucker glattrühren, die
geriebenen Mohrrüben, den übrigen Zucker und die
Gewürze daruntergeben. Schließlich das mit
Backpulver gemischte und gesiebte Mehl abwechselnd
mit der Milch hinzufügen und den Teig in eine
gefettete, mit geriebener Semmel ausgestreute Form
geben. 60 Min. bei schwacher Hitze backen.
Zeitaufwand: ca. 30 Minuten.

Rosinenkuchen

Zutaten:
80 g Butter, 2 Eier, 150 g
Zucker, 250 g Mehl,
½ Backin, ⅛ l Rahm,
150 g Rosinen, 150 g
Korinthen, ½ Fläschchen
Backöl Zitrone.

Zubereitung:
Die Butter rührt man schaumig, gibt Zucker, Eier,
Zitronenschale, das mit Backin gemischte und gesiebte
Mehl, den Rahm und zuletzt die Rosinen hinzu. Man
füllt den Teig in eine gefettete Form und backt den
Kuchen bei Mittelhitze 1 Stunde.

Rotweinkuchen

Zutaten:
200 g Zucker, 250 g
Butter, 4 Eier, 3 P.
Vanillezucker, 1 EL
Zimt, 1 EL Kakao, 150 g
Schokoladenstreusel,
250 g Mehl, 1 P.
Backpulver, ⅛ l Rotwein.

Zubereitung:
Butter und Zucker schaumigrühren, dann nach und
nach die Eier, Vanillezucker, Zimt, Kakao und
Schokoladenstreusel dazugeben. Mehl mit Backpulver
vermischen und abwechselnd mit dem Rotwein zu dem
Teig geben. Eine Kastenform mit Pergamentpapier
auslegen und auf der unteren Schiene bei 175 °C mind.
1¼ bis 1½ Stunden backen.
Evtl. mit Schokoladenguß überziehen.
Zeitaufwand: ca. 20 Minuten (ohne Backzeit).

Sahne-Topfkuchen

Zutaten:
4 Eier, ½ Paket
Backpulver, 250 g
Zucker, 250 g grobes
Mehl, ¼ l Sahne,
1 Vanillezucker, Zitronat,
125 g Raspelschokolade,
1 Fläschchen
Butteraroma.

Zubereitung:
Alle Zutaten gut verrühren, zuletzt Zitronat und
Raspelschokolade. Eiweiß zu Schnee schlagen und
unterheben. 1 Stunde backen. Ein altes Rezept aus der
ČSSR.
Zeitaufwand: 1¼ Stunde.

Backwerk

Torten

Apfelsinentorte

Blätternußtorte

Brauttorte

Himmelstorte

Jägertorte mit Schokoladenguß

Kartoffeltorte

Manna-Torte

Punschtorte

Schichttorte

Schokoladen-Preiselbeer-Torte

Schokoladen-Sekttorte

Schokoladen-Weinbrandtorte

Waldmeistertorte

Apfelsinentorte

Zutaten:
12 Eigelb, 250 g Zucker,
Saft und Schale von 2
Zitronen und 2
Apfelsinen, 250 g gem.
Mandeln, 50 g
Paniermehl, 8 Eiweiß.
Für den Guß: 250 g
Puderzucker,
Zitronensaft.

Zubereitung:
Eigelb und Zucker schaumigschlagen, abgeriebene
Schale und Saft von Zitronen und Apfelsinen
hinzugeben. Mandeln und Paniermehl unterrühren.
Zum Schluß steifen Eischnee unterheben. 25–30
Minuten bei Mittelhitze backen.
Nach dem Backen mit Guß überziehen und mit
Mandarinen oder Apfelsinenstücken verzieren.

Blätternußtorte

Zutaten:
180 g Butter, 180 g
Zucker, 180 g geriebene
Nüsse, 2 Eier, 280 g
Mehl. **Füllung:**
½–¾ l Schlagsahne,
1 P. Vanillezucker.

Zubereitung:
Von den Zutaten einen festen Teig herstellen und
kaltstellen. 5 gleichmäßige Teile messerrückendick
ausrollen und auf einem Tortenblech hellgelb backen
(180 °C, 10–15 Minuten). 4 Platten nach dem Erkalten
mit gesüßter Schlagsahne bestreichen, die letzte,
oberste Schicht mit Schokoladenguß und halben
Walnüssen verzieren. Oder den letzten Boden einteilen
und als Fächer auf den Kuchen setzen. Torte muß einen
Tag durchziehen!
Zeitaufwand: 1 Stunde.

Brauttorte

Zutaten:
500 g gute ausgewaschene
Butter, 500 g geriebene
Mandeln, 500 g
gestoßener und
durchgesiebter Zucker,
500 g feines, erwärmtes
Mehl, 12 Eier,
abgeriebene Schale einer
Zitrone und 1 TL
Muskatblüte.

Zubereitung:
Man reibe die Butter an einen warmen Ort zu Sahne,
gebe unter stetem Rühren abwechselnd nach und nach
Zucker, Gewürze, Eidotter und Mandeln hinzu und
rühre die Masse ½ Stunde. Dann rühre man das Mehl
dazu sowie auch das zu Schaum geschlagene Eiweiß
und backe davon 4 Kuchen in der Springform
dunkelgelb (nicht braun!). Zum Bestreichen der
Kuchen koche man ein Zitronenmus wie folgt: 125 g
Butter (geschmolzen) verrührt man mit 125 g Zucker,
mit der Schale einer Zitrone, mit 4 Eidottern und dem
Saft von 4 Zitronen, bis eine dickliche Masse entsteht.
Damit bestreiche man drei Kuchen und lege alle vier
Kuchen aufeinander. Anderntags bestreiche man die
Oberfläche mit Zuckerguß und verziere ihn sinnreich
mit Myrten und feinen Blumenblättern.

Himmelstorte

Zutaten:
375 g Butter, 2 Eigelb,
1 Ei, 200 g Zucker, 375 g
Mehl, 2 Eiweiß, 75 g
Zucker, 1 Vanillezucker,
125 g gehackte Mandeln.

Zubereitung:
Butter, 2 Eigelb und 1 Ei schaumigschlagen, Zucker und Mehl gut unterrühren, auf 6 Springformböden streichen. 2 Eiweiß steifschlagen, auf die Böden streichen und mit Zucker, Vanillezucker und gehackten Mandeln bestreuen und goldgelb abbacken. Die Torte – mit Sahne gefüllt – schmeckt sehr lecker. Es reichen auch 3 Böden für eine Torte. 3 Böden – trocken aufbewahrt – halten sich 4 Wochen lang frisch.
Zeitaufwand: ca. 45 Minuten.

Jägertorte mit Schokoladenguß

Zutaten:
10 Eigelb, 400 g Zucker,
500 g süße geriebene
Mandeln oder Nüsse,
½ Zitronenschale oder
Vanillestange, 10
Eischnee. Für den Guß:
200 g Schokolade, 2 EL
Butter, 2 EL Kakao,
2 EL kaltes Wasser.

Zubereitung:
Eigelb und Zucker ½ Stunde schaumigrühren, dann die übrigen Zutaten hinzufügen, Eischnee unterheben und die Torte bei schwacher Hitze 1 bis 1½ Stunden backen. Die Zutaten für den Guß auf dem Herd unter Rühren erwärmen, bis die Masse kocht. Dann sofort auf den erkalteten Kuchen streichen.
Zeitaufwand: ca. 60 Minuten.

Kartoffeltorte

Zutaten:
250 g Kartoffeln, 50 g
Rosinen, 2 cl Rum oder
Weinbrand, 6 Eigelb,
150 g Zucker, 1 Prise
Salz, abgeriebene Schale
von
1 Zitrone, 100 g
gemahlene Mandeln, 50 g
Zitronat,
6 Eiweiß, Butter zum
Einfetten, 1 EL
Semmelbrösel, 20 g
Puderzucker.

Zubereitung:
Am Vortage die Kartoffeln in der Schale kochen. Etwas abkühlen lassen, dann abziehen und in einer Schüssel zugedeckt stehen lassen. Am nächsten Tag die gewaschenen Rosinen mit Rum oder Weinbrand begießen und 60 Min. quellen lassen. Kartoffeln feinreiben. Eigelb mit Zucker und Salz sehr schaumigrühren. Nach und nach Zitronenschale, Mandeln und das feingeschnittene Zitronat dazugeben. Dann die Kartoffeln und die abgetropften Rosinen untermischen. Eiweiß steifschlagen, vorsichtig unterziehen.
Eine Springform von 24 cm Durchmesser einfetten und mit Semmelbrösel ausstreuen. Teig einfüllen und in den auf 180 °C vorgeheizten Ofen auf die mittlere Schiene stellen. Backzeit ca. 60 Minuten. Mit Puderzucker bestäuben.
Zeitaufwand für die Vorbereitung: 45−60 Minuten.

Manna-Torte

Zutaten:
125 g Zucker, 7 Eidotter, 4 Eischnee, 100 g Kartoffelmehl. Manna-Creme: 125 g feingesiebter Zucker, ¼ l starken schwarzen Kaffee, 250 g Butter.

Zubereitung:
125 g Zucker und 7 Eidotter solange rühren, bis sich eine cremig-sahnige Masse ergibt, 4 Eischnee und Kartoffelmehl vorsichtig unterheben. In einer Springform ca. 20 Minuten backen.

Den erkalteten Boden durchschneiden und mit folgender Creme füllen: Zucker und den Kaffee im Wasserbad zu einer dicklichen Creme rühren. Die Butter sahnigrühren. Den angedickten Kaffee eßlöffelweise unter die Creme rühren.

Punschtorte

Zutaten:
50 g Butter, 125 g Zucker, 1 Päckchen Vanillezucker, 3 Eier, 150 g Weizenmehl, 50 g Stärkemehl, ½ Päckchen Backin. Füllung: 250 g Johannisbeermarmelade, ½ Fläschchen Rum-Aroma.

Zubereitung:
Aus den angegebenen Zutaten einen Rührteig herstellen und in einer vorbereiteten Springform backen. Den erkalteten Kuchen schneidet man zweimal durch und füllt ihn mit der Füllung. Dann überzieht man die Torte mit einem Rum-Guß. (Rum-Guß: 200 g Puderzucker, 3 Eßl. heißes Wasser, 1 FL. Rum-Aroma).

Danach wird mit der glattgerührten durch ein Sieb gestrichenen Marmelade ein Gitter über den getrockneten Guß gespritzt.

Backzeit: 35−45 Min. bei guter Mittelhitze.

Schichttorte

Zutaten:
5 Eier, 1 Zitrone, 250 g Zucker, 250 g Kartoffelmehl, 1 Messerspitze Hirschhornsalz.

Zubereitung:
Eigelb mit Zucker, Zitronensaft und -schale verrühren, den Eischnee unterheben. Zuletzt Kartoffelmehl und Hirschhornsalz zugeben und gut durchrühren. Mehrmals eine Schicht in der Pfanne backen.

Füllung: Aus ½ l Milch einen Vanillepudding kochen und abwechselnd Marmelade zwischen die Böden streichen.

Zeitaufwand: ca. 45 Minuten.

Schokoladen-Preiselbeer-Torte

Zutaten:
6 Eigelb, 6 Eiweiß, 100 g Zartbitter-Schokolade, 100 g Vollmilch-Schokolade, 100 g Zucker, 1 Glas Preiselbeeren, ½ l Sahne.

Zubereitung:
Eigelb mit 100 g Zucker schaumigrühren. Eiweiß zu steifem Schnee schlagen. Die Schokolade (in Stücke gebrochen) im Wasserbad schmelzen. Die Eigelbmasse, den Eischnee und die geschmolzene Schokolade vorsichtig verrühren. Im vorgeheizten Backofen bei 175 °C 40 Minuten backen. Belag: Das Glas Preiselbeeren auf den erkalteten Kuchen geben, darüber die geschlagene Sahne, mit wenig Kakao besieben.

Zeitaufwand: 30 bis 40 Minuten.

Schokoladen-Sekttorte

Zutaten:
100 g Butter, 100 g Zucker, 1½ P. Vanillezucker, 7 Eier, 300 g gem. Mandeln, 1½ P. Backpulver, 150 g geraspelte Schokolade, 6 cl Weinbrand.

Für die Füllung:
2 kl. Flaschen Sekt, 2 P. Zitronencreme (ohne Kochen), ½ l Sahne.

Zubereitung:
Butter schaumigrühren und nach und nach Zucker, Vanillezucker und Eigelb unterrühren. Mandeln, Backpulver, Schokolade sowie Weinbrand unterrühren, steifgeschlagenes Eiweiß darunterziehen. Im vorgeheizten Backofen bei 150 °C ca. 60 Minuten backen, erkalten lassen.

Für die Sektcreme das Zitronencremepulver mit dem Sekt anrühren und fest werden lassen. Dann die steifgeschlagene Sahne unter die Creme rühren, die Torte damit füllen und garnieren.

Schokoladen-Weinbrandtorte

Zutaten:
250 g Fett, 250 g Zucker, 5 Eier, 250 g Blockschokolade, 50 g geriebene Mandeln, 250 g Mehl, 3 TL Backpulver.

Zubereitung:
Die Blockschokolade schmelzen. Aus den anderen Zutaten einen Rührteig herstellen, in eine Springform geben. Bei 175 Grad 45−50 Min. backen.
⅛ l Weinbrand über die erkaltete Torte träufeln, 200 g Aprikosenmarmelade auf die Torte streichen. 200 g Schokoladenglasur schmelzen, die Torte damit beziehen. Zum Schluß die Torte mit Mandeln oder Pistazien verzieren.

Zeitaufwand: ca. 70 Minuten.

Waldmeistertorte

Zutaten:
125 g Butter oder Margarine, 125 g Zucker, 125 g Mehl, 2 Eier, 1 TL Backpulver, ½ l Dickmilch, 60 g Zucker, 3 Päckchen Vanillezucker, 1 Zitrone (Saft), 6 Blatt Gelatine, 6 Schnapsgläser Waldmeistersirup, ½ l geschlagene Sahne.

Zubereitung:
Fett mit Eier und Zucker, Mehl und Backpulver vermischen und einen Rührteig herstellen. Bei 175 °C ca. ½ Stunde backen. Für die Füllung Dickmilch, Zucker, Vanillezucker, den Saft einer Zitrone und die aufgelöste Gelatine verrühren (evtl. leicht erhitzen). Den Waldmeistersirup in die geschlagene Sahne geben. Alles gut vermischen und auf den abgekühlten Boden füllen (in der Form). Eine Nacht im Kühlschrank stehenlassen. Glasur: ¼ l Wasser, 3 Gl. Waldmeistersirup, 6 Blatt Gelatine. Die flüssige Glasur auf den Kuchen gießen und ebenfalls festwerden lassen.

Zeitaufwand: ca. 1 Stunde.

Backwerk

Gebäck

Aufläufer

Braune Knusperplätzchen

Burgdorfer Prilleken

Fastnacht (oder „Gewallte Küchlein")

Hefekringel

Knusprige Grießplätzchen

Krapfen

Schokoladenherzen (für Diabetiker)

Schokoladenplätzchen

Schuhschnallen

Uplöper, Blätterteigstreifen

66

Aufläufer

Zutaten:
125 g Butter, 125 g Schmalz, 2 Eier, ½ Tasse saure Sahne, 125 g Zucker, ½ TL Natron, ca. 700 g Mehl („soviel Mehl wie es faßt").

Zubereitung:
Einen weichen Mürbeteig aus den Zutaten herstellen. Auf gefettetem Blech ausmangeln, mit Zucker bestreuen, Vierecke oder Rauten ausrädern. Bei mittlerer Hitze goldgelb backen. Nach dem Erkalten zerteilen. In gut verschlossenem Gefäß aufbewahren. (Die Menge reicht aus für zwei Backbleche.)

Braune Knusperplätzchen

Zutaten:
500 g dunklen Sirup, 500 g Zucker, 750 g Butter, 250 g gehackte Mandeln, 1500 g Mehl, 1 TL Natron.

Zubereitung:
Sirup, Butter und Zucker in einem großen Topf schmelzen. Etwas abkühlen lassen, Mandeln unterrühren. Soweit es geht Mehl im Topf unterrühren, den Rest Mehl mit dem Natron auf dem Tisch unterkneten. In Rollen formen, über Nacht kühl stehen lassen. In dünne Scheiben schneiden, und bei starker Hitze abbacken. Das richtige Aroma haben die Plätzchen, wenn sie ein paar Tage gelegen haben.
Zeitaufwand: 60 Minuten.

Burgdorfer Prilleken

Zutaten:
500 g Mehl, 40 g Hefe, 50 g Zucker, ⅛ l Milch, ½ TL Salz, 2 Eier, 40 g Mandeln, abgeriebene Zitronenschale, 8 EL Öl, Fett zum Ausbacken.

Zubereitung:
Das Mehl in eine Schüssel sieben. Die Hefe mit einem Teelöffel Zucker, etwas warmer Milch und etwas Mehl in der Mitte der Mehlschüssel zu einem Vorteig verrühren. Wenn der Vorteig sich verdoppelt hat, kann man den Hefeteig mit allen Zutaten fertigkneten. Dann rollt man den Teig nicht zu dünn aus und sticht mit einem Glas (7 cm Durchmesser) Plätzchen aus. Aus diesen Plätzchen werden mit einem Schnapsglas noch einmal kleine Plätzchen ausgestochen. Die so entstehenden Ringe sind die Prilleken. Sie werden in heißem Öl oder Schmalz, nachdem sie schön aufgegangen sind, ausgebacken und danach in Zucker gewälzt.

67

Fastnacht (oder „Gewallte Küchlein")

Zutaten:
3 Pfund Mehl, 1¼ Pfund Butter, 10 Eier, 7 bis 8 EL saurer Rahm. Zum Ausbacken: Butter und Schmalz.

Zubereitung:
Man siebt das Mehl auf ein Nudelbrett und zerpflückt die Butter in Stücke, verreibt sie mit dem Mehl, macht sodann in der Mitte eine Grube, verschlägt die Eier darin bis sie schäumig sind, – eins nach dem anderen. Nun wird alles – Eier und auch der Rahm – mit den ersten Zutaten verarbeitet wie ein Nudelteig. Gut durcharbeiten und auswalken. Der Teig muß hauchdünn sein. Nun rädelt man den Teig mit einem Kuchenrädel in beliebige Stücke und backt sie in dem kochenden Fett.
Man kann auch kleine Brödel von dem Teig machen. Man nehme dann auf die 3 Pfund Mehl noch 1 Pfund Zucker und verarbeite ihn unter den Teig.

Hefekringel

Zutaten:
500 g Mehl, 500 g Margarine, 1 Ei, 40 g in Rum aufgelöste Hefe.

Zubereitung:
Alle Zutaten kalt zusammen verarbeiten und noch etwas ruhen lassen (½ Stunde). Die Masse wird dünn ausgerollt, mit einem Weinglas ausgestochen, so daß man Kringel und Plätzchen erhält. Diese werden mit Eigelb bestrichen, mit grobem Zucker bestreut und goldgelb gebacken. Es ist ein ausgezeichnetes Gebäck für Feinschmecker.
Zeitaufwand: ca. 1 Stunde.

Knusprige Grießplätzchen

Zutaten:
250 g Grieß, 1 Päckchen Vanillezucker, abgeriebene Schale einer Zitrone, Saft ½ Zitrone, Mandel-Aroma, 1 Päckchen Backpulver, wenig Milch, 1 Ei

Zubereitung:
Alle Zutaten gut verarbeiten, soviel Milch zugeben, daß eben gerührt werden kann. Die Masse muß fest und krümelig sein. Aus der Masse kleine Häufchen formen und auf ein Blech setzen und backen.

Krapfen

Zutaten:
¼ l Milch, 250 g geklärte Butter, 1 Ei und 5 Eidotter, 50 g Hefe, 50 g Zucker, 1 TL Salz, ½ kg feines Mehl.

Zubereitung:
Mehl und Butter werden vorher erwärmt. Dann schlägt man die Eier, rührt die lauwarme Milch nebst Hefe, Butter, Zucker und Salz hinzu und macht dies mit feinem Mehl zu einem leichten Teig. Dann läßt man ihn eine halbe Stunde gehen. Nach dem Aufgehen rollt man ihn fingerdick aus, sticht mit einem Glas Bällchen aus und läßt diese 20 Minuten gehen. Dann backt man sie in Fett, bis sie dunkelgelb sind. Noch heiß in Zucker oder Puderzucker wälzen.
Zeitaufwand: 2 Stunden.

Für Diabetiker: Schokoladenherzen

Zutaten:
200 g Mehl, 1 TL
Backpulver, 1 Ei, 50 g
Butter, 2 TL flüssigen
Süßstoff, 15 g Kakao,
25 g Mandeln.

Zubereitung:
Teig herstellen, Formen ausstechen, aufs Blech legen
und mit Mandeln bestreuen. Backzeit: 15 Minuten bei
200 bis 220 Grad.

Schokoladenplätzchen

Zutaten:
2 Tassen Zucker, 4 bis
5 EL Kakao, 5 EL
Milch, 125 g Butter oder
Margarine, 1 Päckchen
Vanillezucker, einige
Tropfen Rum-Aroma,
250 g Haferflocken.

Zubereitung:
Butter oder Margarine in einem flachen Topf erhitzen,
die anderen Zutaten (außer Haferflocken und Rum-
Aroma) unterheben und gut verrühren. Dann die
Haferflocken mit dem Aroma unterrühren und eben
aufkochen lassen. Mit zwei Teelöffeln mundgerechte
Portionen auf ein Blech setzen und auskühlen lassen –
nicht backen!
Zeitaufwand: ca. 15 Minuten.

Schuhschnallen

Zutaten:
2 Eier, Anis, 120 g
Zucker, 60 g Mehl.

Zubereitung:
Wiege so viel Zucker ab als 2 Eier schwer sind, auch für
1 Ei Mehl, dann schlage 2 Eier in einen Topf, gib dazu
Zucker und Mehl und rühre es eine halbe Stunde,
danach gieße mit einem Kaffeelöffel den Teig in
angemessener Entfernung auf ein Blech, streue Anis
darauf und schiebe es sogleich in die Röhre. Wenn sie
goldgelb sind, löse sie mit einem Messer ab und biege
sie über einen Kochlöffelstiel.
Zeitaufwand: ca. 1 Stunde.

Uplöper (Blätterteigstreifen)

Zutaten:
2 Eier, 8 Eigelb, 250 g
Butter, 250 g Schmalz,
3 EL Zucker, 2 EL
Wasser, 1 EL saure
Sahne, 2 EL Rum, gut
1 kg Mehl (die Menge
reicht für
2 Bäckerbleche).

Zubereitung:
Wie Blätterteig, dann dünn auf dem Blech ausrollen, in
Streifen schneiden und mit Zucker bestreuen.

Backwerk
Weihnachtliches

Anisgebackenes

Braune Kekse

Braune Kuchen

Gekochter Honigkuchen

Gewürzkuchen

Honigkuchen

Kartoffelwaffeln

Mutzenmandeln

Schneebälle

Weihnachtsstollen

Anisgebackenes (Springerle)

Zutaten:
2 Pfund feines Mehl,
2 Pfund feinen Zucker
(keinen Puderzucker),
9 Eier, Saft und Schale
einer Zitrone,
2 Messerspitzen
Hirschhornsalz.

Zubereitung:
Eier und Zucker werden mit der Schale und dem Saft einer halben Zitrone eine halbe Stunde stark gerührt. Alsdann wird das Hirschhornsalz gut durchgerührt, dann nach und nach das Mehl hinzugegeben. Alsdann muß der Teig 2 Stunden kaltgestellt werden. Dann wird er auf das Brett genommen, klein fingerdick ausgewellt, mit Mehl bestäubt und mit Holzformen ausgestochen, in nicht zu heißem Ofen gebacken. Die Bleche werden eingefettet, mit Anis bestreut, die Springerle daraufgelegt und im warmen Zimmer über Nacht getrocknet. Man kann sie gut am Nachmittag schon machen.

Braune Kekse

Zutaten:
¾ Pfund (375 g) Sirup
(Rübensaft), ¾ Pfund Fett
(halb Butter, halb
Schmalz), 2 Pfund Mehl,
15 g Pottasche in Wasser
aufgelöst, 4 g Kardamom,
4 g Nelken, 250 g Zucker.

Zubereitung:
Aus den Zutaten einen Teig herstellen und diesen vier Wochen ruhen lassen. Bevor er gebacken wird, ½ Tl. Hirschhornsalz unterkneten. Man nehme Sirup und Fett und erhitze es, läßt es dann abkühlen und rührt die übrigen Zutaten dazu (zuletzt evtl. kneten). Am Tag, an dem man Kekse backen will, knetet man das Hirschhornsalz unter den Teig. Der Teig wird dünn ausgerollt, und die Kinder stechen Herzen und Sterne aus.

Braune Kuchen

Zutaten:
2 Pfund Sirup, 3 Pfund
Mehl, ½ Pfund Zucker, ½
Pfund Schmalz, 2 Lot
(ca. 30 g) Pottasche,
wenig Hirschhornsalz,
Kaneelblüte,
Zitronenschale.

Zubereitung:
Schmalz, Sirup und Zucker im Topf aufwallen, dann abkühlen lassen. Pottasche in zimmerwarmem Wasser auflösen und unter die Sirupmasse rühren. In eine große Schüssel Mehl und Gewürze füllen, dann die Sirupmasse unterrühren und einen Tag kaltstellen. Den Teig dünn ausrollen und Plätzchen ausstechen. Evtl. mit Hagelzucker oder Mandeln bestreuen. Bei 180 °C abbacken, bis sie die gewünschte Farbe und Härte haben. In gut verschlossenen Dosen aufbewahren.
Zeitaufwand: ca. 3 Stunden.

Gekochter Honigkuchen

Zutaten:
500 g Sirup, 1000 g Mehl,
2 große Tassen
Buttermilch,
3−4 Teelöffel Natron.

Zubereitung:
Alle Zutaten kurz verrühren und in eine gut gefettete Puddingform füllen. Im Wasserbad 2½ Stunden kochen.

Gewürzkuchen

Zutaten:
125 g Butter, 250 g feiner Zucker, 4 Eier, 2 EL Kakaopulver, 1 Päckchen Lebkuchengewürz, 1 Becher Sahne-Dickmilch, 1 TL Backpulver, ½ Päckchen Hirschhornsalz, 500 g Mehl.
Guß:
Saft einer Zitrone, 100 g Puderzucker.

Zubereitung:
Butter mit Zucker schaumigrühren, Eier zufügen u. weiterrühren, bis eine gleichmäßige Schaummasse entstanden ist, dann Kakao, Lebkuchengewürz u. Sahne-Dickmilch unterrühren. Mehl mit Backpulver u. Hirschhornsalz vermischen u. unter die Schaummasse rühren. Den Teig auf ein gefettetes Backblech streichen u. im vorgeheizten Backofen bei 220 °C ca. 15 Minuten backen. Zitronensaft mit Puderzucker verrühren u. auf den fertigen, noch heißen Kuchen streichen. Den Kuchen in rautenförmige Schnitten teilen.

Honigkuchen

Zutaten:
4 Pfund Sirup, ½ Pfund Schmalz, 4 Pfund Mehl, ½ Pfund Zucker, ½ Pfund geriebene Mandeln, 4 gehäufte Teelöffel Pottasche (4 Lot), einige Nelken, Zimt, Kardamom und Zitronenschale

Zubereitung:
Sirup und Schmalz kocht man auf, fügt Pottasche hinzu (dabei aufpassen, daß das Ganze nicht überbraust). Diese aufgekochte Masse gießt man in eine Holzmolle (große Schüssel), rührt Mehl, Zucker, Mandeln, Nelken, Zimt, Kardamom und Zitronenschale darunter. Diesen Teig läßt man 8 Tage beim warmen Ofen stehen und vert. ihn dann auf einem Kuchenblech gleichmäßig. Nach dem Abbacken (ca. ½ Stunde bis 40 Minuten) kann man den Kuchen noch mit Zuckerguß versehen.

Kartoffelwaffeln

Zutaten:
250 g gekochte geriebene Kartoffeln, 125 g Mehl, ½ l lauwarme Milch, 3 Eier, 50 g Butter, 20 g Hefe.

Zubereitung:
Mehl, Milch und Hefe vorgehen lassen, Fett, Eier und Kartoffeln dazugeben, gut durchrühren und im Waffeleisen backen. Heiß mit Apfelmus zu essen oder auch kalt.
Zeitaufwand: ca. 60 Minuten.

Mutzenmandeln

Zutaten:
50 g Butter, 250 g Zucker, 3 ganze Eier, 625 g Mehl, 1 Päckchen Backpulver, 50 g Mandeln, 1 EL Rum, ½ TL Rosenwasser.

Zubereitung:
Butter, Zucker und Eier rührt man schaumig, fügt das Mehl und Backpulver hinzu, zuletzt Mandeln, Rum und Rosenwasser. Man verarbeitet alles zu einem festen Teig, rollt diesen fingerdick aus, sticht mit einem Förmchen kleine Blättchen aus und backt sie in siedendem Schmalz dunkelbraun. Nach dem Backen bestreut man die Mutzenmandeln mit Zucker.
Zeitaufwand: ca. 1 Stunde.

Schneebälle

Zutaten:
*250 g Mehl, 65 g Butter,
¼ l Wasser, 8 bis 9 Eier,
zum Bestreuen Zucker
und Zimt, Schmelzbutter
zum Ausbacken.*

Zubereitung:
Wasser und Butter läßt man kochen, streut das ganze
Mehl hinein und rührt es, bis es trocken ist und nicht
mehr im Topf klebt. Wenn es abgekühlt ist, rühre man
die Eier hinein und schlage den Teig, bis er zart ist.
Unterdessen lasse man Schmelzbutter kochend heiß
werden. Alsdann mache man mit zwei Eßlöffeln Ballen
davon und backe sie gelb. Sie werden heiß mit Zucker
und Zimt bestreut. Wenn man die Eier in warmes
Wasser legt, gehen sie gut auf.

Zeitaufwand: 1 Stunde.

Weihnachtsstollen

Zutaten:
*500 g Mehl, 1 Prise Salz,
1 Päckchen Backpulver,
200 g Zucker, 150 g
Butter, 50 g Schmalz,
2 Eier, 200 g Rosinen,
100 g Korinthen, 100 g
Zitronat, 100 g
feingestiftelte Mandeln,
250 g Quark, 1 TL Zimt,
1 TL abgeriebene
Zitronenschale.*

Zubereitung:
Das Mehl mit dem Backpulver vermischen. In die Mitte
Zucker, den Quark und Gewürze, zuletzt Eier und Fett
geben. Alles zu einem nicht mehr klebenden Teig
verarbeiten. Die übrigen Zutaten untermengen und
den Teig zum Stollen formen. Noch heiß mit flüssiger
Butter bestreichen und dick mit Puderzucker
bestreuen.

Zeitaufwand: 60 bis 70 Minuten.

Magen und Liebe

5 Vers-Beiträge

Liebes-Gericht

2 Maß Liebe, 500 g Küsse und 20 g Seufzer werden auf brennenden Lippen bei möglichst fester Umarmung umgerührt. Alsdann füge man die kalten Blicke einer neidischen Freundin hinzu, und das alles läßt man bei hellem Mondschein bis Mitternacht gut kochen.

Ein Liebestrank

Nimm 2 lange Liebesblicke,
7 lange Händedrücke,
süßes Schmachten 19 Gramm,
feucht' es gut mit Tränen an.
Dazu 6 Gramm Liebelei,
10 Gramm Eifersüchtelei,
2 bis 6 Champagnertropfen,
13 lange Walzertropfen,
sieb es durch ein feines Siebchen,
rühr es um und gib dem Liebchen
stündlich einen Löffel voll,
wird dich lieben dann wie toll.

Butter-Bisquit

Wollt Ihr halten eine Visit?
Ei, so mach' dies Butter-Bisquit.
Rühr, mein Kind, ein halb' Pfund Butter,
ein halb' Pfund Mehl, ein halb' Pfund Zucker.
Ins warme Wasser leg' sechs Eier,
die gelegt sind worden heuer.
Ist die Butter weiß und fein,
kommt ein Löffel Mehl hinein.
Schlage dann ein Ei hinzu,
ein Löffel Zucker nehme Du.
So nimmst Du Zucker, Mehl und Ei,
bis alles in der Masse sei.
Eine gestoßene Vanill'
kann man nehmen, wenn man will,
oder nimmst Du bitt're Mandeln,
wirst Du auch nicht übel handeln.
Füll' es in ein Mödelein
und backe es recht hübsch und fein.
(Statt 250 g kann auch 500 g Mehl verarbeitet werden.)

Kochrezept (zur Behandlung von Männerherzen)

Man nimmt ein Männerherz, durchbohrt es mit einem Blick und reinigt es sorgfältig von dem Rest früherer Neigungen. Je nach Geschmack kann man es mit Liebenswürdigkeit spicken oder mit salzigen Antworten schön zurichten.

Dann lasse es im verzehrenden Blick deiner schönen Augen langsam braten. Glaubst du, daß es mürbe ist, so lasse es, ehe du das beglückende „Ja" aussprichst, noch ein wenig dünsten.

Fürchtest du aber, daß ein ungenießbarer Ehemann daraus werden könnte, so kannst du es gehörig absieden, ordentlich ablaufen lassen und dann kaltstellen.

Ehestandskuchen

Verrühre 10 Eigelb in einer Schüssel,
Eiweiß zu leichtem Schaum.
Ein halbes Pfund Zucker einzig darunterrühren
(man darf gar wohl das Süße vom heil'gen Ehestand schüren).
8 Lot von süßen Mandeln, 4 bittere dazu
drum heißt es Ehestandskuchen
Zitronensaft und -schale rühr' in die Masse ein
(ganz ohne Säure wird kaum der Eh'stand sein).
12 Löffel Mehl sieb' ein mit leichter Hand
(es braucht solider Zutat ein jeder Ehestand).
Am Schluß des ganzen muß sein der leichte Schaum
(zur festen Lebensmasse gehört ein wenig Traum).
Und ist er schön gebacken, so wird der Kuchen munden
(gib acht, es hat das Süße das Bitt're überwunden).

Getränke mit und ohne Alkohol

Eierbier

Fliederlikör oder Brücker Altmarktlikör

Fliedersekt

Kaffeelikör

Kirschlikör

Limonade

Nußlikör

Rosenbowle

Schlehenwein

Schlehenlikör

Sienbohnensopp

Stachelbeerwein

Warmer Hoppelpoppel

Eierbier

Zutaten:
½ l helles Bier,
1 TL Zucker, 1 Prise
Muskatnuß,
1 Gewürznelke, 2 Eigelb,
1 TL Zucker.

Zubereitung:
Alle Zutaten aufkochen, bis auf Eigelb und Zucker, die schaumiggeschlagen und nach und nach zugefügt werden. Das Getränk sofort heiß servieren.

Fliederlikör oder Brücker Altmarktlikör

Zutaten:
2½ l Fliedersaft, 3 Pfund
Zucker, 1 Stange Vanille,
1 Stück Stangenzimt,
2 Zitronen, 1 l
54prozentiger Rum

Zubereitung:
Auf gelindem Feuer koche man 2½ l Fliedersaft, 3 Pfund Zucker, 1 Stange Vanille und 1 Stück Stangenzimt kurz auf. Dazu gibt man den Saft von 2 Zitronen, füllt diesen Sud in eine irdene Schüssel und läßt ihn erkalten. Danach vermischt man ihn mit 1 l 54prozentigem Rum. Nachher wird der Likör durch Vliespapier filtriert und in reinen, trockenen Flaschen, wohlverkorkt bis zum Verzehr, aufbewahrt.

Dieses köstliche Getränk kann auch heiß mit Wasser als Fliederbeergrog getrunken werden. Es ist bekannt als wirksames Mittel gegen Husten, Heiserkeit und Unwohlsein.

Fliedersekt

Zutaten:
10 l kaltes Wasser,
3 Zitronen, 30 g
Zitronensäure, 2½ Pfund
Zucker, 10 Fliederblüten-
Dolden, gewaschen.

Zubereitung:
Wasser in ein ausreichend großes Gefäß füllen. Zitronen in Scheiben dazu, die anderen Zutaten ebenfalls hinzufügen. Zwei Tage zugedeckt stehenlassen, dann durch ein Tuch sieben, in Flaschen füllen und verschließen.

Dieses Getränk kann gleich getrunken werden, wenn es länger steht, fängt es wie Sekt zu gären an und schmeckt köstlich.

Kaffeelikör

Zutaten:
*250 g Filterkaffee, 1 l
Wasser, 1 l Weinbrand,
250 g Zucker, ½ Tasse
Wasser.*

Kirschlikör

Zutaten:
*3 Pfund Sauerkirschen,
2 Pfund Zucker, 1½ l
Wasser, 1 Stange Vanille,
1 l Rum.*

Limonade

Zutaten:
*10 g Lindenblüten, 10 g
Hopfen, 1 kg Zucker,
2 Zitronen, 1 Glas
Weinessig, 10 l Wasser.*

Nußlikör

Zutaten:
*3 l guter Branntwein, 1 kg
brauner Kandis, ½ l
Wasser, 20 bis 30 grüne
Walnüsse, gehackte,
getrocknete Schale einer
Zitrone, gehackte,
getrocknete Schale einer
Orange, 1 Zimtstange,
10 bis 15 Gewürznelken,
5 bittere Mandeln.*

Rosenbowle

Zutaten:
*1 Handvoll Duftrosen,
3 EL Zucker, 3 Flaschen
Wein, 1 Flasche Sekt,
kleine Röschen zum
Dekorieren.*

Zubereitung:
Den Kaffee mit heißem Wasser in der üblichen Weise filtern. Den Kaffee etwas abkühlen lassen und mit dem Weinbrand mischen. Den Zucker mit der halben Tasse Wasser zu Sirup kochen und dazugeben. In eine hübsche Karaffe gefüllt, ist der Kaffeelikör ein nettes Mitbringsel.
Zeitaufwand: ca. 1 bis 1½ Stunden.

Zubereitung:
Die Kirschen mit dem Zucker und dem Wasser aufkochen. Durch ein Sieb geben und mit einer Stange Vanille noch einmal aufkochen. Abkühlen und einen Liter Rum hinzugeben. In Flaschen abfüllen.
Zeitaufwand: 1½ Stunden.

Zubereitung:
Die Zutaten vermengen. Vier bis fünf Tage stehenlassen, dabei täglich mehrere Male umrühren, dann in Flaschen füllen und in den Keller legen. Nach zehn Tagen kann man die Limonade trinken. Soll sie eine schöne Farbe erhalten, gibt man 10 g Safran dazu.

Zubereitung:
Die Nüsse abreiben und kleinschneiden. Die Mandeln schälen. Mit den Gewürzen und dem Alkohol zusammen in einer bauchigen Glasflasche ansetzen und 4 Wochen im warmen Zimmer in die Sonne stellen. – Dann den Flascheninhalt durch ein Sieb gießen. Kandis mit dem Wasser aufkochen, abkühlen lassen, und beide Flüssigkeiten vermischen. Alles durch ein Tuch gießen und in hübsche, dunkle Flaschen füllen, gut verschließen und lagern. Am besten für mindestens ein Jahr vergessen.

Zubereitung:
Duftrosen (nicht behandelt und ungezieferfrei) zerkrümeln, mit Zucker mischen, in ein großes Schraubglas geben und mindestens 6 Stunden kühlstellen. 1 Flasche Wein darübergießen, 2 Stunden stehenlassen. Dann die Blätter abgießen. Mit den 2 Flaschen Wein und 1 Flasche Sekt auffüllen. Mit kleinen Röschen dekorieren.
Zeitaufwand: reine Arbeitszeit 15 Minuten.

Schlehenwein

Zutaten:
5 kg Schlehen, 1 250 g Zucker, 5 l kochendes Wasser.

Zubereitung:
Auf 5 kg reife, schon gefrorene Schlehen gibt man 1 250 g Zucker und gießt 5 l kochendes Wasser darüber, läßt den Saft dann 24 Stunden stehen, mit den Schlehen. Nach 24 Stunden gibt man es auf ein Sieb, kocht den Saft und gießt ihn wieder über die Früchte, so dreimal. Danach gießt man eine Flasche Arrak dazu und füllt ihn in Flaschen ab.

Zeitaufwand: nur kurze Zeit.

Schlehenlikör

Zutaten:
Schlehen, Zucker und Rum zu gleichen Teilen.

Zubereitung:
Man füllt eine Flasche zu ⅓ mit Beeren, das nächste ⅓ mit Zucker und das letzte ⅓ mit 40prozentigem Rum. Flasche gut verschließen. Das Ganze läßt man 4 bis 6 Wochen ziehen. Die Flasche des öfteren bewegen. Danach wird das Getränk mit oder ohne Beeren serviert.

Sienbohnensopp

Zutaten:
250 g Rosinen (Sultaninen), 1 Flasche Doornkaat, 2 EL Kandis.

Zubereitung:
Die Rosinen mit dem Kandis und dem Alkohol ansetzen. Acht Tage ziehen lassen, damit sich der Kandis auflöst und die Rosinen quellen können. Man „ißt" Sienbohnensopp aus ostfriesischen henkellosen Tassen oder aus dem Zinnlöffel. Als Longdrink gibt man 1 Löffel in ein Sektglas und füllt es mit Sekt auf.

Stachelbeerwein

Zutaten:
Für einen 10-l-Ballon = 10 Pfund Obst, 5 Pfund Zucker.

Zubereitung:
Die ziemlich reifen Stachelbeeren vermusen und im Steintopf 10–12 Tage stehenlassen, öfter umrühren. Auspressen, und den gewonnenen Saft (ca. 5 l) in den Ballon füllen. Den Zucker aufgelöst in aufgekochtem Wasser kalt dazugeben, bis 10 l auffüllen, Gärrohr aufsetzen. – Hat der Wein ausgegärt, umfüllen, den Satz ausspülen, Ballon gut reinigen. Wein zum Nachgären wieder einfüllen. Ist der Wein klar, ihn in Flaschen füllen.

Warmer Hoppelpoppel

Zutaten:
1 l süße Sahne, 4 Eidotter, ¼ l Arrak, Zucker nach Geschmack.

Zubereitung:
Die Sahne läßt man mit dem Zucker zum Kochen kommen; vom Feuer genommen, verrührt man die Eidotter mit etwas Milch, schüttet sie unter stetem Rühren langsam hinzu und rührt den Arrak unter.

Zeitaufwand: ca. 15 Minuten.

Kleine Leckereien

Einfache Bonbons

Marzipan

Nußkonfekt

„Rotwurst" (Konfekt)

Weiche Sahnebonbons

Einfache Bonbons

Zutaten:
1 TL Butter, 1 Tasse Zucker, ¾ l Milch oder 1 Tasse Milch.

Zubereitung:
Butter in der Pfanne schmelzen, Zucker einrühren. Solange rühren, bis der Zucker aufgelöst ist, dann die Milch hinzufügen, wieder rühren. Anschließend die Masse auf einen Teller füllen und kalt werden lassen. In Stücke geschnitten, sind die Bonbons fertig.

Marzipan

Zutaten:
1 Tasse Grieß, 1 Tasse Zucker, 1 TL Butter, ¼ Tasse Milch, 1 geriebene Pellkartoffel, 1 geriebene bittere Mandel, 50 g geriebene süße Mandeln, Kakao.

Zubereitung:
In die zerlassene Butter werden alle Zutaten gegeben und kräftig durchgeknetet. Aus dieser Masse formt man walnußgroße Kugeln und wälzt sie in Kakao.

Nußkonfekt

Zutaten:
3 Eiweiß, 500 g Zucker, 500 g Walnußkerne.

Zubereitung:
Eiweiß steifschlagen, mit Zucker und den geriebenen Nüssen vermischen. Dann läßt man die Masse einige Stunden ruhen, anschließend runde Kugeln formen. Die Kugeln in grobem Zucker wälzen und sie dann bei 50 °C in der Backröhre trocknen lassen.

Zeitaufwand: ca. 1 Stunde.

„Rotwurst" (Konfekt)

Zutaten:
250 g Schokolade, 20 g Butter, 125 g Zucker, 2 Eier, 2 g Zimt, 125 g Mandeln.

Zubereitung:
Butter, Zucker, Eier und Zimt werden miteinander verrührt. Dazu gibt man die geriebene Schokolade und die abgezogenen ganzen Mandeln. Man formt aus dieser Masse eine Rolle, wickelt sie in ein mit Butter bestrichenes Pergamentpapier, läßt sie etwas trocknen, wickelt sie dann aus und schneidet die Rolle in Scheiben.

Weiche Sahnebonbons

Zutaten:
250 g Zucker, 1 l süße Sahne, 2 TL Butter.

Zubereitung:
Alle Zutaten in einen Topf geben und kochen, bis sich die Masse vom Topf löst. Die Masse rasch auf ein Blech gießen. Vor dem Erkalten schneiden.

Hausapotheke

Großmutters Hustensaft

Kirschen für Kranke

Stärkungsmittel für Genesende

Zwiebelbonbons

82

Großmutters Hustensaft

Zutaten:
500 g dicke Zwiebeln, ½ l Wasser, 250 g braunen Kandis.

Zubereitung:
Die Zwiebeln schälen und in Stücke schneiden. Mit ½ l Wasser und Kandis 15 Minuten schwach kochen lassen, durchseihen und stündlich 1–2 TL davon einnehmen.

Kirschen für Kranke

Zutaten:
4 Pfund Kirschen, halb süß, halb sauer – entsteinen; 1 Pfund Zucker, etwas Zimt, 2–3 Nelken.

Zubereitung:
Man tunkt den Zucker in Wasser, schäumt ihn gut und läßt die süßen Kirschen nebst Zimt darin halb garkochen, dann gibt man die sauren Kirschen dazu, kocht alles weich, nimmt sie aus dem Saft, schüttet von letzterem in kleine, geschwefelte Flaschen, läßt den übrigen Saft noch etwas nachkochen und füllt ihn über die Kirschen. Zu dem Kirschensaft füge man noch in jede halbe Flasche einige Stückchen Zimt und 1–2 Nelken.

Dieses Rezept ist eine Erquickung für Leidende und Kranke.

Stärkungsmittel für Genesende

1 rohes Ei im Glas schlagen, mit gutem Rotwein auffüllen und mit Dextropur süßen.

Zwiebelbonbons

(Großmutters Mittel gegen Husten und Heiserkeit)

Zutaten:
500 g Zucker, 1 große Zwiebel (etwa 100 g), 2 EL Wasser, 2 EL Essig.

Zubereitung:
Zucker in Wasser und Essig schmelzen, die geriebene Zwiebel hinzugeben und schnell honigfarben bräunen. Die Flüssigkeit auf eine gefettete Platte gießen, etwas erstarren lassen und in Würfel schneiden. Später auseinanderbrechen. 3 bis 4 Stunden erkalten lassen.
Zeitaufwand für die Zubereitung: ca. 30 Minuten.

Eingemachtes

Grüne Walnüsse einmachen

Hierzu gehören Nüsse, welche erst halb reif sind. Man sticht mit einem Federmesser einigemal in jede Nuß hinein, legt die Nüsse dann in frisches Brunnenwasser und wechselt alle Tage einigemal das Wasser mit frischem Wasser ab, läßt die Nüsse 5 Tage lang mit dem immer frisch abgewechselten Wasser liegen, reinigt sie darin so lange von dem wilden Geschmack, bis das Wasser ganz hell bleibt. Sodann kocht man die Nüsse in Wasser so lange, als man ein weiches Ey siedet, nimmt an Gewicht ebensoviel Zucker, als die Nüsse schwer sind und läutert ihn ganz rein. Die Nüsse besteckt man mit etlichen gespaltenen Gewürznägeln (= Nelken) und länglich geschnittenem Zimmet, giebt sie sodann in den Zucker und läßt sie so lange darin sieden, bis sie ganz weich sind, nimmt den Schaum davon ab und dann die Nüsse heraus, läßt die Sauce noch etwas mehr einsieden, richtet indessen die Nüsse in ein Glas, und giebt die Sauce, wenn sie etwas abgekühlt ist, darüber, dann legt man ein rundgeschnittenes Papier übers Kreuz, darauf kleine Späne, beschwert es mit einem Stein, damit die Sauce immer hervorquillt und verbindet es endlich mit einem Papier, das mit einer Nadel durchlöchert ist.

Hagebutten-Marmelade

Hierzu nimmt man recht reife Hagebutten. Nachdem die Stiele und Blüten abgeputzt, reibt man auf einem groben Tuche die Stacheln ab, nimmt mit einem feinen Messer die Kerne heraus und wäscht die Früchte mehrere Male in kaltem Wasser recht sauber und stellt sie dann an einen warmen Ort, bis sie ganz weich sind.

Darauf treibt man sie durch ein Haarsieb, läutert zu jedem halben Kilo durchgetriebenen Mus 350 g Zucker, vermischt dieses zusammen, gibt etwas in kleine Stücke gebrochenen Zimt und ein Stückchen in feine Scheiben geschnittenen Ingwer dazu und kocht die Masse auf schwachem Feuer zu einer steifen Marmelade ein.

Pflaumen in Rotwein

Zutaten:
3 Kilo Pflaumen, ¾ l Rotwein, ¾ l Weinessig, ¾ Kilo Zucker, 16 g in Stücke gebrochener Zimt, 8 g Nelken.

Zubereitung:
Die reifen, aber noch festen Pflaumen werden mit einem Tuch abgewischt, der Zucker mit dem Wein und Essig gekocht, die Pflaumen in kleinen Portionen hineingetan und solange gekocht, bis die Schale aufplatzt. Dann nimmt man sie schnell heraus und verfährt ebenso mit der nächsten Portion, bis alle Pflaumen gekocht sind. Mit dazwischen gestreutem Zimt und Nelken legt man sie in die Einmachgefäße, kocht den Saft noch stark ein und gießt ihn darüber. Nach 6 bis 8 Tagen gießt man den Saft noch einmal ab, kocht ihn auf, schäumt ihn dabei gut, kocht ihn dicklich ein, gießt ihn nach völligem Erkalten über die Pflaumen und bindet sie mit einer Blase zu.

Kürbis-Marmelade

Zutaten:
1 kg Kürbis, 1 kg Gelierzucker, ¾ TL Zimt, ½ TL Ingwer, ¼ TL Nelkenpulver und Muskat, Saft von 2 Zitronen.

Zubereitung:
Den Kürbis schälen und in Streifen schneiden, dann durch den Wolf drehen, 10 Minuten dünsten, dann pürieren. Die anderen Zutaten untermischen. Zum Schluß den Gelierzucker dazugeben und unter ständigem Rühren zum Kochen bringen. 5 Minuten sprudelnd kochen lassen. Heiß in die Gläser füllen und verschließen.

Zeitaufwand: ca. 1 Stunde.

Polnische Gurken

Alle Gurken kannst hie verwendet werden. Man wäscht schnell und schneidet sie in dicke Schreiben, salzt und läßt bis zu dem anderen Tage stehen. Dann abgießen, gekochten, abgekühlten, leichten Essig übergießen, bis zum anderen Tag stehen lassen. Am 3. Tag den Essig abgießen, aufkochen, abkühlen und nochmal übergießen. Am 4. Tage wird der Essig weggetan, die Gurken abtropfen lassen. Dann im Steintopf verpackt mit Zwiebeln, Lorbeer, Dill, Kerbel, Meerrettich und Pfeffer. Dann 1 l Weinessig und 1½ Pfund Zucker kochend übergießen. – Dann zubinden.

Zeitaufwand: ca. 4 Tage.

Rosen-Gelee

Zutaten:
1 kg unreife Apfelstücke (Fallobst), 1½ l Wasser, 500 g rote Johannisbeeren, 1¼ kg Zucker, 500 g frische Rosenblätter (eigene Ernte), 1 Tropfen Rosenöl, 1 EL Rum, weißes Papier.

Zubereitung:
Die ungeschälten Äpfel werden gewaschen, von den Blumen befreit, in kleine Stücke geschnitten und zugedeckt mit dem Wasser weichgekocht. Die Johannisbeeren läßt man im Wasserbad platzen. Abgekühlte Apfelstücke und Johannisbeeren auf ein Geleetuch schütten. Darunter stellt man eine irdene Schale mit in Stücke geschlagenem Zucker, auf den man den Saft tropfen läßt.

Dann entfernt man von den Rosenblättern die hellen Blatteile, schüttet sie auf ein Sieb, überbraust sie unter Umrühren mit kaltem Wasser, taucht das Sieb mit den Blättern einen Augenblick in kochendes Wasser, danach einen Augenblick in bereitgestelltes Eiswasser, wiederholt dies noch zweimal und schüttet sie zum Abtropfen auf ein Tuch.

Der inzwischen durchgelaufene Obstsaft wird, sobald der Zucker aufgelöst ist, unter Abschäumen zu Gelee gekocht (bis der Tropfen Form behält). Dann werden die Rosenblätter hinzugetan und mit dem Obstgelee solange gekocht, bis sie nicht mehr oben schwimmen.

Ist die Masse vom Herd genommen und etwas abgekühlt, so parfümiert man das Gelee mit Rosenöl, rührt es gut um, füllt es in Gläser, bedeckt es mit Rumpapier und schließt die Gläser nach Vorschrift und verwahrt sie kühl und trocken.

Zeitaufwand: ca. 12 Stunden.

Rotkohl im Steintopf (Kalt oder warm zu essen)

Zutaten:
15 Pfund feingehobelten Rotkohl, 1–1½ Handvoll Salz, 1 l Weinessig, 1 l Wasser, 4 Pfund Zucker, 1 P. Senfkörner, 1 TL ganze Nelken, 1 TL weißen Pfeffer, 4 bis 5 Lorbeerblätter.

Zubereitung:
Rotkohl und Salz tüchtig vermischen und 24 Stunden stehenlassen. Aus Essig, Wasser und Zucker eine Lösung bereiten. Senfkörner, Nelken, Pfeffer und Lorbeerblätter in einen kleinen Beutel aus Leinen füllen. Kohl, Essigwasser und Gewürzbeutel 10 Minuten kochen, in einen Steintopf geben, wie Sauerkraut abdecken.

Schlehen-Sirup

Zutaten:
2 kg Schlehen, ca. 750 g Zucker, 1 MS Nelkenpulver und 1 TL Zimtpulver.

Zubereitung:
Die Schlehen sollten nach dem ersten Frost gepflückt werden, dann sind sie nicht mehr so herb. Schlehen verlesen und gut waschen, abgetropft in einen Topf geben und soviel kochendes Wasser darübergießen, daß sie vollständig bedeckt sind. Einen Tag stehen lassen. Den Saft abgießen, einmal aufkochen und wieder über die Schlehen gießen. Das Ganze am nächsten und übernächsten Tag wiederholen.

Danach den Saft abgießen und durch ein Mulltuch filtern. Dann mit dem Zucker und den Gewürzen solange kochen, bis sich der Zucker gelöst hat. Heiß in saubere Flaschen füllen und sofort verschließen.

Steintopfmarmelade

Zutaten:
1 kg Früchte nach Jahreszeit, ¾ Pfund Zucker.

Zubereitung:
1 kg Früchte und ½ Pfund Zucker unter Umrühren 20 Minuten sprudelnd kochen lassen. In einen Steintopf schichten und nochmals mit ¼ Pfund Zucker gleichmäßig bestreuen. Vor der Zugabe neuer Früchte umrühren.

In Frage kommende Früchte: Rhabarber, Erdbeeren, Stachelbeeren, rote und schwarze Johannisbeeren, Sauerkirschen, Pfirsiche, Aprikosen und Zwetschen.
Zeitaufwand: jeweils ½ bis ¾ Stunde.

Zwetschen im Steintopf

Zutaten:
3 kg Zwetschen, 4 l Wasser, ¼ l Weinessig, 500 g Zucker.

Zubereitung:
Wasser und Essig aufkochen. Die Zwetschen darin bis zum Platzen ziehen lassen, herausnehmen und abtropfen lassen. Die Zwetschen in einen Steintopf füllen und gleich mit dem Zucker bestreuen. Den Topf mit einem Deckel abdecken. Es bildet sich viel Saft und die Zwetschen sind lange haltbar.

Sonstiges – Besonderheiten

(nicht jedermanns Sache!)

Altländer Hochzeitssuppe

Branneweins-Koschale (Weinbrand-Kaltschale)

Gefüllter Schweinskopf

Haltbarmachen von frischen Pflaumen (Zwetschen)

Hellweger Nationalgericht

Je nach Ort: Jücken, Taukokers oder Speck und Klüten

Pommersche Spickgänse zu räuchern

Ragout von Hahnenkämmen mit Schwesern (Bries)

Röckert

Schwarzsauer

Wildschweinskopf

Altländer Hochzeitssuppe

Zutaten:
50 Pfund Suppenfleisch,
5 Pfund Butter, ½ Pfund
Graupen, 12 Eigelb,
2 Sellerie, 4 Stangen
Porree, 4 Bund Petersilie,
Muskatblüte, Ingwer,
Salz und 3 Pfund
Rosinen.

Zubereitung:
Das Fleisch bei kleiner Hitze 3 Stunden kochen. Das geputzte Suppengemüse in Stücke schneiden und mit den Graupen 20 Minuten garen. Rosinen in Wasser einweichen. Fleisch und Gemüse aus der Suppe nehmen, Brühe durch ein Sieb gießen und mit Salz und Pfeffer abschmecken. Fleisch von den Knochen lösen, in Portionen schneiden und warmhalten. Mehl in zerlassener Butter andünsten, mit der Brühe auffüllen, über das Fleisch gießen, aber nicht mehr kochen lassen. Mit Salz, Ingwer, Muskat und Pfeffer abschmecken. Gemüse in die Suppe geben. Rosinen abtropfen lassen und zur Suppe servieren.

Dazu reicht man Rosinen- und Weizenbrot.

Branneweins-Koschale (Weinbrand-Kaltschale)

Zutaten:
Wasser, Zucker, Zimt,
Nelken, Brot oder
Honigkuchen, Rum oder
Weinbrand.

Zubereitung:
Wasser, Zucker, Zimt und Nelken aufkochen, durch ein Sieb gießen, Brot oder Honigkuchen zerkrümeln, mit der Flüssigkeit übergießen. Kurz vor dem Essen nach Belieben Weinbrand dazugießen.

„Dieses Gericht bekamen Mägde und Knechte am Heiligen Abend (etwa 1880)", schreibt dazu Einsenderin Aenne Warneboldt und fügt hinzu: „Ich kann mir vorstellen, daß diese ‚Suppe' gut gewärmt hat. Die Knechte schliefen hier in der Gegend ja im Pferdestall in einem Verschlag über den Pferden, oder in einem eisigen Raum neben dem Pferdestall oder – wer melken mußte – in einem Raum auf dem Heuboden. – Der Großvater einer Bekannten aß bis ins hohe Alter Heiligabend seine ‚Branneweins-Koschale',"

Gefüllter Schweinskopf

Zutaten:
1 Schweinskopf, 500 g mageres Rindfleisch, 500 g Kalbfleisch, 125 g Schweinerückenfett, 125 g gekochtes Schweinefleisch, 125 g gekochtes Kalbfleisch, 125 g gekochte Rinderpökelzunge, 50 g Trüffeln, 20 g abgezogene Pistazien, 80 g Butter, 80 g Zwiebeln, 100 g Weißbrot, ¼ l Milch, 2 Eier, Salz, Pfeffer, weitere Gewürze nach Geschmack, Wasser, Salz, Suppengrün.

Zubereitung:
Der gut geputzte Kopf wird aufgespalten und von sämtlichen Knochen befreit. Letztere werden mit 8 l Wasser, etwas Essig, Salz und Suppengrün vorgekocht. Das rohe Fleisch gibt man dreimal durch die Maschine und macht mit Weißbrotkloß, Butter, Zwiebeln, Eiern und Gewürzen eine feine Farce daraus. Hiermit streicht man den Kopf aus, legt abwechselnd das in Streifen geschnittene gekochte Fleisch darauf, streut Trüffel und Pistazienstücke dazwischen, füllt alles mit Farce aus, näht den Kopf zusammen und verschließt die Halsöffnung mit einer darauf genähten Schwarte, bindet ihn in ein Tuch, läßt ihn 4 Stunden kochen und anschließend in der Brühe erkalten.

Haltbarmachen von frischen Pflaumen (Zwetschen)

Zwetschen erhalten sich vorzüglich, wenn man sie an einem sonnigen Tage mit Handschuhen in einen neuen, steinernen Topf pflückt, worin noch kein Wasser gewesen ist, worauf man letzteren, mit einer Blase zugebunden, in den Keller stellt, mit einem platten Stein belegt, welcher längere Zeit an der Sonne gestanden hat und schließlich mit ganz trockener Erde bedeckt.

Die Pflaumen sind alsdann um Weihnachten noch ganz frisch, doch halten sie sich, wenn der Topf geöffnet ist, nicht mehr lange, weshalb man wohltut, einige Töpfe zu füllen. Es versteht sich von selbst, daß hierzu nur ganz feste Zwetschen, die nicht im geringsten beschädigt sind, genommen werden.

Hellweger Nationalgericht

Zutaten:
500 g weiße, trockene Bohnen, Vollmilch oder Buttermilch.

Zubereitung:
Bohnen über Nacht einweichen, in Salzwasser garkochen, in einen Durchschlag geben, abschrecken und abkühlen lassen. Mit kalter Milch oder Buttermilch essen. Jeder nimmt sich soviel Bohnen und Milch wie er möchte. Statt Bohnen kann man auch Erbsen nehmen.

Frau Hermine Meyer schreibt zu diesem Rezept: „Im Sommer schmeckt es köstlich, ist gesund und bekömmlich. Mein Vater sagte immer: ‚Stuten un Melk helpt den Minsch vun de Welt, Aarven un Bohnen dat sünd des Lebens Kronen' – und wir Kinder hauten dann ordentlich rein. Vielleicht wollten wir des Lebens Kronen erlangen."

Je nach Ort: Jücken, Taukokers oder Speck und Klüten

Zutaten:
(für 6 bis 8 Personen)
1 Schweinebacke, 3 bis 4
Pfund Rinderbrust
(beides frisch geräuchert),
Kohlwürste, ca. 3 l
Wasser, 1 Steckrübe, 6 bis
8 Möhren, Sellerie,
Porree, grob zerkleinert.

Zubereitung:
Das Rauchfleisch 3 Stunden im Wasser kochen. Nach 2 Stunden Kochzeit das Gemüse dazugeben, langsam köcheln lassen. In den letzten 15 Minuten die Kohlwurst darin ziehen lassen. Dazu reicht man Kartoffeln und Mehlklöße sowie Backobst mit Zucker und Zimt.

Frau Gertrud Bösch, die dieses Rezept eingesandt hat, fügt hinzu: „In manchen Orten wird Meerrettich dazu gereicht: Geriebenen Meerrettich in Milch ½ Stunde langsam köcheln, ¼ Stunde lang viel Rosinen und Korinthen mitkochen und soviel selbstgebackenen Zwieback zufügen, daß man die Beilage mit der Gabel essen kann. – Wird heute noch Heiligabend gegessen."

Pommersche Spickgänse zu räuchern

Den zum Räuchern gut gemästeten jungen Gänsen schneidet man nach dem Ausnehmen Füße, Hals und Flügel ab, spaltet sie genau in der Mitte der Länge nach, reibt sie mit Salz und Salpeter ein und packt sie in ein sauberes Fäßchen oder einen Steintopf. Gefäß zudecken.

Man läßt die Gänse 3 Tage darin liegen, nimmt dann die (halbierten) Gänse heraus und bestreut sie, ohne das Salz oder die Nässe abzuschütteln, stark mit trockener Weizenkleie und wälzt sie so lange darin, bis alles mit Kleie bedeckt ist. Dann hängt man die Gänse in den Rauch. Nach 8 Tagen werden die Spickgänse aus dem Rauch genommen, an einen luftigen Ort gehängt und nach ein paar Tagen mit trockenem Tuch von der Kleie gereinigt. Das Fleisch ist sehr wohlschmeckend und wird roh gegessen.

„Das Rezept stammt aus der Zeit, wo es weder Einkochgläser noch Kühlschränke gab", schreibt dazu Frau Helene Mundt.

Ragout von Hahnenkämmen mit Schwesern (Bries*)

Man blanchiert 2 Schweser und 150 g Hahnenkämme, welche vorher sauber abgeputzt werden müssen, setzt beides mit Wasser und Salz aufs Feuer und läßt es 10 Minuten kochen. Hierauf werden beide Teile abgezogen und in Bouillon gargekocht, die Hahnenkämme müssen jedoch ¼ Stunde länger kochen als die Schweser. Nun macht man von 150 g Kalbfleisch ganz kleine Klöße, läßt sie in 60 g Butter und etwas Mehl braun werden, gießt die Bouillon, worin die Schweser und Hahnenkämme gekocht sind, dazu, läßt es eben aufkochen und kocht die Klöße darin gar.

Man würzt die Soße mit Muskatblüte, einer Messerspitze voll weißem Pfeffer, etwas Zitronensaft, und, wenn man es haben kann, mit einigen frischen Champignons, welche in Butter gargeschwitzt sind. Nun schneidet man die Schweser in Scheiben und legt diese mit den Hahnenkämmen in die Soße, damit beides darin durchzieht, probiert, ob es salzig genug ist, und gibt dann 2 EL Kapern daran. Beim Anrichten belegt man den Rand mit gebratenen Semmelscheiben. Dieses Ragout eignet sich auch sehr gut zum Füllen von Pasteten.

Zu diesem Rezept aus einem 1893 erschienenen Kochbuch schreibt Frau Herma Martens: „In einer Bücherkiste fand ich vor einigen Wochen dieses uralte Kochbuch. Es gehörte einigen Urtanten meines Mannes".

* Schweser oder Bries sind die Brustdrüsen des Kalbes

Röckert

Zutaten:
Geräuchertes Rindfleisch (Bruststück), geräucherte Schweinebacke, 1 Stück Kassler, 1 Stück Mettwurst, Steckrübe, Wurzeln, Sellerie, gute Kochbirnen, Porreestangen. Pro Person rechnet man 250 g Fleisch je Sorte (was übrigbleibt, wird eingefroren), 1 Stück Steckrübe, 2 bis 3 Wurzeln, 1 Porreestange.

Zubereitung:
Alle Zutaten bis auf die Birnen werden, leicht mit Wasser bedeckt, in einen großen Topf gegeben. Nach dem Aufkochen gönne man dem Ganzen eine gemütliche, mindestens zwei- bis dreistündige Kochzeit, nur so entfaltet sich alles zur eigenartigen Lieblichkeit dieses so kräftigen Essens. Die Birnen werden 1 Stunde mitgekocht. Und so wird das Gericht serviert: Das aufgeschnittene Fleisch auf eine Platte geben und mit Birnen umlegen. Steckrüben, Wurzeln und Sellerie bringt man in einer Schüssel mit der Brühe auf den Tisch. Dazu werden Salzkartoffeln und Klüten* serviert.

Renate Petersen hat dem Rezept hinzugefügt: „Wir essen es Weihnachten oder Silvester".

*„Klüten" sind Mehlklöße, zumeist aus Butter, Milch, Mehl, Salz und Muskat zum Abschmecken und evtl. 1 bis 2 Eiern zubereitet.

Schwarzsauer

Zutaten
(für 4 Personen):
Insgesamt 1 kg Pfoten,
Ohr und Schwanzstück,
1 Tasse Schweineblut,
100 g Weizenmehl, 1 Tüte
gemischtes Backobst,
Essig und Zucker zum
Abschmecken.

Zubereitung:
Das Fleisch in 1½ l schwachem Salzwasser garen, dann herausnehmen und das Backobst in der Brühe weiterkochen, bis es gar ist. Das Blut mit Mehl verrühren und unter die Brühe heben. Den Topf vorher vom Feuer nehmen, da es sonst leicht gerinnt. Dann das Fleisch wieder hineinlegen und kurz aufkochen lassen. Mit Essig und Zucker süßsauer abschmecken. Dazu Salz- oder Pellkartoffeln. Es ist auch zum Einfrieren geeignet. Zu empfehlen ist es, dieses Gericht einen Tag nach dem Schlachten zu kochen.

Zeitaufwand: ca. 2 Stunden.

Wildschweinskopf (seltene Zubereitung)

Man schickt den Kopf zum Schmied, um ihn über starkem Feuer und mit glühendem Eisen gehörig absengen zu lassen, wäscht ihn rein, schneidet die Haut vom Ober- und Unterkiefer ab, hackt die Knochen etwas ab, macht vor der Stirn einen Einschnitt, damit die Schwarte nicht aufplatzt und läßt ihn eine Nacht im Wasser liegen, um ihn von dem durch das Sengen entstandenen Geruch zu befreien. Am nächsten Tag wird der Kopf in einem großen Einleger oder Kessel gekocht in zwei Teilen Essig und einem Teil Wasser.

Man gibt Salz dazu, reichlich Zwiebeln, Pfeffer, Nelken, Lorbeerblätter, Salbei, Thymian und Rosmarin. Dann 4 bis 5 Stunden kochen, bis er fast weich ist. Eine Stunde in der kochenden Brühe nachweichen lassen. Diese muß einen recht kräftigen Geschmack haben. Dann nimmt man den Kopf heraus, putzt die Ohren, schneidet die Ränder zackig, zieht die Zunge ab und läßt den Kopf kalt werden.

Man legt den kalten Kopf in ein passendes Bunzlauer Geschirr (Steingut) und gießt die kaltgewordene Brühe darauf, in der er sich wochenlang frisch hält. Beim Gebrauch schneidet man die schwarze Haut unten am Hals ein wenig ab, verziert die Schüssel mit gehackter Petersilie, buntgeschnittenen Zitronenscheiben, rote Bete, hartgekochten Eierscheiben, in Streifen geschnittenen Gurken, umlegt den Kopf mit Grün und gibt ihm einen Apfel in den Rüssel. Er wird mit Teufelssoße oder Remoulade zur Tafel gegeben. Was davon übrig bleibt, lege man wieder in die Brühe.

„Es ist sicher ein herrliches Gericht für die Weidmänner", meint dazu Frau Lina Eickhoff.

Interessante Anmerkungen
unserer Einsenderinnen zu den Rezepten:

Auflauf von Äpfeln und Brot

„Aus der Zeit, wo kein Brot weggeworfen werden durfte." (Emma Herks)

Aufläufer

„Beiliegend ein Rezept meiner Ur-Urgroßmutter. Es muß so etwa von 1814 sein. Ich habe das Rezept halbiert. Früher wurde das Gebäck auf großen Blechen im Backhaus gebacken. Es muß hier aus der Gegend stammen (Klein Döhren bei 3384 Liebenburg), denn ein ähnliches habe ich auch von meiner Großmutter väterlicherseits." (Aenne Warneboldt)

Fastnacht

„Eine Randbemerkung: Unsere Großmutter heiratete in unser Dorf vor 96 Jahren auf den Hof und machte sonntags zum Kuchen von Sahne Schlagsahne. Da tuschelten die anderen Bauersfrauen: ‚Die ißt die Butter mit dem Löffel'." (Maria-Anna Ruppel)

Gespickter Hecht

Der Hecht sollte nach dem ursprünglichen Rezept „unter einem Tortendeckel, mit Glut darauf und wenig Feuer darunter" gebacken werden. (Ruth Schmeling)

Honigkuchen

„Von meiner Urgroßmutter, einer Försterin, geschrieben am 17. 3. 1893." (Margret Riedel)

Kaffeelikör

„Ein Rezept aus dem Jahre 1918". (Adelheid Meyerhoff)

Kartoffelwaffeln

„Ein sehr altes Rezept, das in ein eisernes Waffeleisen geritzt ist." (Ingeborg Henne)

Kirschen für Kranke

„Rezept aus den Jahren um ca. 1900." (Lina Eickhoff)

Klunkes

„Das Rezept ist mindestens 100 Jahre alt. Man stellt sich nichts Besonderes darunter vor, wenn man das Rezept liest, aber alle, die sie bei uns gegessen haben, sind von den Klunkes begeistert, vom Opa über Azubis bis zu den Kindern. Unsere Kinder essen sie als Dessert oder zum Abendessen." (Ulrike Pape)

Sauerfleisch mit Backpflaumen

„Dieses Gericht gab es vor 50 Jahren bei Hochzeiten zum Frühstück." (Magda Hinze)

Schichttorte

„Aus Uromas Rezeptbuch von 1912." (H. Grundstedt)

Schnittbohnen mit Sahne

„Aus Omas Rezeptbuch von 1912." (H. Grundstedt)

Alphabetisches Verzeichnis

Rezeptautoren

Eigene Rezepte